게임
좋아하다가
이렇게
됐습니다

게임 좋아하다가 이렇게 됐습니다

최경운 지음

크록

목차

내가 만난 보드게임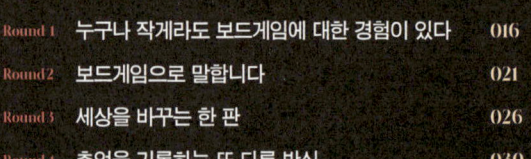

알고 보면 더 재미있는
보드게임 이야기

보드게임 제작하는 법

보드게임을 제작하는
사소하지만 확실한 노하우

게임을 빛내는 필수 전략

무자본으로 보드게임 출판하기

"보드게임을 좋아하세요?"

이 책을 펼친 당신에게 내가 처음으로 던진 질문이다. 나는 보드게임을 아주 좋아한다. 카드를 뒤집을 때의 그 설렘, 주사위가 공중에서 빙그르르 도는 순간의 긴장감 그리고 무엇보다 누군가와 함께 웃고 고민하고 때로는 얄밉게 속이면서도 정이 드는 그 추억이 좋다. 그 추억의 따뜻한 감정을 나누고 싶어 사람들에게 보드게임을 권하고 함께 즐겼다. 그렇게 시간이 지나다 보니 자연스럽게 보드게임을 만들어 보고 싶은 마음이 생겼다.

다른 사람보다 손재주가 뛰어난 것도 아니었고 뭔가 대단한 아이디어가 있었던 것도 아니었다. 그저 '이런 게임이 있으면 재밌겠다' 싶은 생각을 시작으로 낙서처럼 규칙을 적어보고 종이를 자르고 붙이며 엉성하게 만들었다. 그렇게 처음 만든 보드게임은 당연히 엉망이었다. 규칙도 이상하고 밸런스도 안 맞았다. 테스트해 준 친구들의 평가도 냉랭했다. "음, 재미는 있는데 잘 모르겠다" 하지만 그 한마디가 나를 두드렸다. "재미는 있는데"라는 말이 마음속 어딘가를 콕 찔렀다. 재미가 있다는 건 무언가 가능성이 있다는 뜻이었으니까. 그 이후로 길을 걸을 때나 자기 전이나 항상 보드게임 생각뿐이었다. 눈 뜨자마자 다시 메모장을 펼쳐 고민하고 연구하며 보드게임 구성을 수정했다.

이 책은 보드게임을 만들어 보고 싶은 사람을 위한 책이다. 정확히 말하자면 보드게임을 개발하는 방법에 관한 안내서이자 무엇을 어떻게 만들 것인가 보다 왜 만들고 싶은가에 대한 탐색을 위한 책이기도 하다. 단순히 규칙을 만드는 방법이 아니라 아이디어를 어떻게 보드게임이라는 구조 속에 담아낼 수 있는지. 그리고 완성도 있는 결과물로 발전시킬 수 있는지에 대한 경험을 나누는 책이다. 그리고 그렇게 개발한 보드게임으로 어떻게 수익을 만들어낼 수 있는지에 관한 이야기를 담았다.

보드게임을 사랑하고. 머릿속에 아이디어가 맴돌며, 종이 한 장짜리 게임이라도 만들고 싶은 사람이라면 충분히 보드게임을 만들 수 있다. 혼자여서 막막하고 어디서부터 시작해야 할지 몰라 망설이고 있다면 당장 이 책을 펼쳐보면 된다. '이런 게임이 있으면 어떨까?'라는 당신의 상상을 현실로 만들어줄 설계도이자 동료가 될 것이다.

보드게임은 단순한 놀이가 아니라 사람과 사람을 이어주는 다리라고 생각합니다. 이 책은 그 철학을 가장 정석적인 방식으로 보여줍니다. 저자는 자신의 경험을 바탕으로, 보드게임이 어떻게 우리의 일상에 스며들어 때로는 역사와 자연을 배우게 하고, 몰입의 과정 속에서 성장하게 만드는지를 진솔하게 들려줍니다.

이 책은 보드게임을 처음 만드는 사람도 자연스럽게 따라올 수 있도록 실제 개발 과정을 단계적으로 안내합니다. 그 여정 속에는 수많은 시행착오와 연구, 그리고 플레이어를 위한 세심한 배려가 고스란히 담겨 있습니다.

그리고 이 책에는 "좋아하는 일을 끝까지 밀고 나가는 사람만이 보여줄 수 있는 진심"이 담겨 있습니다. 이는 수많은 밤을 세우며 고민했던 모든 창작자가 공유하는 숭고한 집념이자, 보드게임을 즐기고 제작하는 사람들에게는 자부심 그 자체입니다.

보드게임을 사랑하는 모든 분들께, 그리고 언젠가 자신만의 게임을 만들고자 하는 분들께 이 책을 자신 있게 추천합니다.

한국보드게임작가협회 협회장, 보드게임 작가
김은총 (실버건)

보드게임을 좋아해 본 사람이라면 누구나 한 번쯤 마음속에 품어봤던 '그다음 단계'를 이 책은 정면으로 조명합니다. 단순한 소비자를 넘어 창작자가 된다는 것이 어떤 의미인지, 그 막연함의 장막을 걷어내고 현실적인 제작 과정을 생생하게 보여줍니다.

무엇보다 이 책은 보드게임 제작을 낭만적인 결과만으로 포장하지 않습니다. 즐기는 사람과 만드는 사람 사이에 존재하는 명확한 거리감과 창작의 부담, 그리고 선택의 책임을 숨김없이 드러냅니다. 그럼에도 불구하고, 그 험난한 과정을 감당하고 목표에 도달할 수 있도록 매우 구체적이고 실질적인 방향을 제시한다는 점이 이 책의 미덕입니다.

지금, 가슴 뛰는 아이디어를 품고 있다면 주저할 필요가 없습니다. 이 책은 새로운 게임의 탄생을 꿈꾸는 모든 예비 창작자에게, 막연한 동경을 넘어 실제로 첫 주사위를 굴리게 만드는 용기이자, 창작의 여정에서 길을 잃지 않게 해줄 가장 확실한 나침반이 되어줄 것입니다.

보드게임 유튜브 채널 우주티비

티노

'이런 게임이 있으면 재밌겠다'라는 상상이 하나의 작품으로 완성되기까지는 수많은 시행착오가 따릅니다. 그렇기에 저 또한 동료 작가로서, 책을 읽는 내내 작품에 대한 냉정한 평가를 극복하고 끊임없는 수정과 도전을 이어가는 쉽지 않은 여정에 공감하지 않을 수 없었습니다. 동시에 작가에게 고마운 점은 창작자가 갖춰야 할 가장 중요한 태도임을 다시금 깨닫게 해주었다는 것입니다.

책 속에는 창작의 막막함을 뚫고 당장 실행에 옮길 수 있도록 돕는 실용적인 정보들이 가득합니다. 종이와 펜만으로 시작할 수 있는 시제품 제작 팁부터 공모전 및 지원 사업에 대한 베테랑의 현실적인 조언까지 담겨 있어, 첫걸음을 어떻게 내딛어야 할지 고민하는 예비 작가들에게 훌륭한 길잡이가 될 것이라 기대합니다.

특히 보드게임에 환경과 역사 등 의미 있는 메시지를 담아내는 작가의 신념과 관점이 인상 깊습니다. 보드게임은 체험을 통해 말로 설명할 수 없는 강력한 메시지를 전달하는 힘이 있기 때문입니다.

이 책을 통해 많은 분들이 보드게임 작가의 길에 들어서고, '나는 왜 이 게임을 만들고 싶은가?'를 스스로에게 물으며 즐겁게 작업을 이어가기를 바랍니다.

보드게임이 세상을 조금 더 나은 방향으로 움직일 수 있다는 희망을 함께 품으면서, 우리 장르에 가뭄의 단비 같은 이 책의 출간을 진심으로 축하드립니다.

보드게임 작가
김건희

내가 만난 보드게임

누구나 작게라도 보드게임에 대한 경험이 있다

시작은 보드게임 카페 사장님의 추천이었다. 평소 같았으면 웃으며 넘겼을 텐데 그날은 이상하게도 마음이 끌렸다. 보드게임에 대해 아는 거라곤 어릴 적 친구들과 했던 기억이 전부였다. 보드게임은 애들 놀이라고 생각하던 시절이었다. 하지만 사장님의 눈빛은 반짝였고, 나는 무언가에 묘하게 홀린 듯 친구들과 함께 테이블에 앉았다. 그리고 그날 보드게임이라는 마법의 세계로 입장했다. 그렇게 처음 하게 된 게임이 바로 《레지스탕스 아발론The Resistance Avalon》이다.

아발론은 겉보기엔 일반적인 마피아 게임과 비슷했다. 정체를 숨기고, 의심하고, 눈치가 빠른 사람이 이기는 게임. 게임 규칙서에 적힌 적정 인원은 여섯 명이었다. 마침 우리도 여섯이었다. 지금은 한국어판 규칙서가 있지만 당시엔 영어로 된 것뿐이라 머리가 어지러웠다. 다행히 보드게임 카페 사장님의 친절한 설명 덕분에 게임을 시작할 수 있었다. 처음엔 반신반의했다. 이게 과연 재미있을까? 하는 마음이 들었다. 게다가 영어로 된 규칙서를 완전히 이해하지 못했기 때문에 기대보다는 의심이 앞섰다. 그런데 시작한 지 얼마 되지 않아 모두가 게임에 빠져들었다. 아발론은 내가 알던 마피아 게임과는 완전히 다른 세계였다. 일반적인 마피아 게임에서는 한 명씩 퇴장당하고 퇴장당한 탈락자는 그저 구경꾼이 되어버린다. 남은 사람들은 게임을 계속할 수 있어 괜찮겠지만 탈락자는 판이 끝날 때까지 지루하게 기다려야 해서 흐름이 끊기고 흥미도 시든다. 하지만 레지스탕스 아발론은 악의 무리가 들통나도 마피아들이 할 수 있는 역할이 있었다. 이 간단한 차이가 게임의 몰입도를 폭발시켰다.

　게임이 진행될수록 우리는 눈빛 하나 말투 하나에 온 정신을 집중해 서로를 의심하고, 말 한마디에 담긴 숨은 의도를 파악하려 애썼다. 거짓말을 하며 속이고 들키지 않으려 애쓸 때의 그 짜릿함은 말로 다 못 할 정도였다. 게임의 중심에는 '멀린'이라는 인물이 있었다. 그를 지키거나 색출하는 과정에 따라 게임의 승패가 결정되었다. 멀린을 찾지 못하게 연기하고 반대로 찾아내려고 애써야 하는 것이 정말 흥미로웠다. 그리고 그날 나는 마법에 걸린 듯 다른 것은 아무것도 신경 쓰지 않고 오직 아발론을 즐기는 데만 집중했다. 마치 진짜 멀린이 내게 주문을 걸어 아발론의 세계로 끌고 온 듯했다. 그렇게 보드게임이라는 새로운 세계가 내 앞에 펼쳐졌다.

　게임이 끝나고도 마법은 풀리지 않았고, 머릿속은 멀린에 관한 궁금증으로 가득 찼다. 이후 멀린이라는 인물을 검색해 보았을 때는 인물과 관련된 영국 신화와 전설에 관한 이야기들까지 접하게 되었다. 알고 보니 멀린은 아서왕 전설 속 대마법사이자 왕의 스승이었다. 아서왕 전설 정도는 들어봤지만 그 안에 자세한 내용들은 아예 처음 보는 것이었다. 특이하게도 내가 보드게임에 빠지게 된 이유는 바로 이것이었다. 게임을 했을 뿐인데 자연스럽게 지식을 습득하게 되었다는 점 말이다. 나는 억지로 암기하는 것에 아주 취약하다. 반면에 재미있게 배우는 것은 오래 기억하는 편이라 보드게임을 즐기면서 자연스럽게 여러 지식을 알게 될 때 희열을 느꼈다. 그렇게 점점 즐거움과 성취감이 혼합된 묘한 감정에 중독되었다.
　그렇게 보드게임에 빠져 살던 중, 우연한 계기로 보드게임 회사에 방문할 수 있는 기회가 생겼다. 그곳에서도 직원이 《황혼의 투쟁 Twilight Struggle》이라는 게임을 추천해 줬다.

처음엔 서부 총잡이 이야기인가 싶었는데 미국과 소련의 패권 다툼, 그러니까 냉전 시대를 다룬 본격 전략게임이었다. 실제 역사를 배경으로 한 무거운 게임처럼 느껴져 조금 망설여졌지만 직원분의 간단한 규칙 설명을 듣고 나니 금세 흥미진진해졌다. 설렘을 안고 집으로 돌아와 아내와 함께 게임을 하면서 자연스럽게 냉전 시대의 굵직한 사건들을 알 수 있었다. 만약 게임이 아니라 유튜브 영상이나 책으로 접했다면 그냥 지나쳤을 것들이었다. 게임은 극적인 장치로 역사적 사실을 활용했기 때문에 냉전 시대 배경에 익숙해야 게임을 능숙하게 할 수 있었다. 그래서 처음엔 어렵게 느껴졌지만 몇 번 반복해서 하다 보니 자연스레 사건들이 정리되면서 재미가 붙었다. 게임을 할수록 머릿속 도서관에 냉전 시대 서가가 가득 차는 느낌이었다. 그 재미에 들려 영국 신화에서 세계사, 미국 현대사, 중국 문화까지 이어지는 역사 보드게임을 만났다. 덕분에 한 번도 생각하지 않았던 방향으로 관심의 폭을 넓혀갈 수 있었다. 그러다 어느 순간 이런 생각이 들었다.

"근데 왜 한국 역사 배경의 보드게임은 없지?"

이후 나는 한국 이야기가 담긴 보드게임을 찾아다녔다. 웬만한 역사 보드게임은 할 만큼 해 봤다는 자부심에 한국사 보드게임은 없으리라 여겼는데 뜻밖에도 있었다. 다만 대부분 교육용으로 만들어진 것이라 재미보다는 교육의 목적이 강했고, 그로 인해 쉽게 손이 가지 않았다. 그때 내가 한번 만들어 봐야겠다는 생각이 들었다. 내가 처음 보드게임에 빠졌던 그 느낌 그대로, 재미로 시작해 자연스럽게 배움으로 이어지는 그런 게임을 말이다. 어쩌면 이게 내가 해야 할 일인지도 모른다는 생각까지 들었다. 결국 지금 나는 보드게임 작가가 되었다. 처음에는 가볍게 시작한 취미였지만, 지금은 내가 만난 신비로운 보드게임의 세계로 누군가를 초대할 수 있는 게임을 만들고 있다. 그리고 벌써 몇 개의 보드게임을 출시했다. 돌이켜보면 정말 아무 계획 없던 우연의 연속이었다. 친구들과 우연히 간 보드게임 카페, 우연히 추천받은 아발론에 이어 황혼의 투쟁까지. 그 모든 우연이 어느새 필연처럼 이어져 있었다.

보드게임으로 말합니다

우리나라에서 《부루마블》은 국민 보드게임이라고 여겨질 정도로 유명해서 아마 모르는 사람이 없을 것이다. 어렸을 적 한 번쯤은 해봤을 부루마블은 미국의 보드게임 《모노폴리 Monopoly》의 방식을 차용한 보드게임이다. 그런데 모노폴리도 부루마블 형식 게임의 원조는 아니다. 보드판 위의 말이 이동하면서 땅과 건물을 사고 파는 이런 방식의 원조는 엘리자베스 매기 Elizabeth Magie라는 지질학자이자 보드게임 작가가 만든 《지주게임 The Landlord's Game》●이다. 매기는 경제학자 헨리 조지 Henry George의 열렬한 지지자였다. 헨리 조지는 토지 임대 수익을 통한 경제적인 부가, 소수의 토지 주인에게 집중된다고 생각했다. 이로 인해 다수의 사람들이 경제적 불평등에 시달린다고 주장했다. 한마디로 헨리 조지는 토지를 개인이 소유할 수 없고 공공의 자

● **출처** Public Domain Review "The Landlord's Game: Lizzie Magie and Monopoly's Anti-Capitalist Origins (1903)"

산으로 다뤄야 한다고 주장했다.

매기는 헨리 조지의 주장을 대중이 쉽게 이해할 수 있도록 보드게임의 형태로 표현하기로 했다. 매기는 그 보드게임을 통해 교육적, 사회적 메시지를 강조했다. 그래서 게임 속에 공공 자산화에 대한 규칙이 있다. 당시에 지주게임은 상업적으로 성공을 거두지는 못했다. 다만, 오늘날에는 경제적 불평등과 사회 정의에 대해 다시 논의할 수 있는 중요한 작품으로 평가받고 있다. 이는 보드게임이 단순한 오락 이상의 메시지를 담을 수 있다는 것을 보여준다.

이 이야기는 나에게 많은 생각을 하게 했다. 나는 왜 보드게임을 만들지?라는 질문을 떠올렸다. 이 질문에 나의 답은, 보드게임으로 세상에 자신의 메시지를 표현할 수 있기 때문이라는 것이다. 책을 읽으면 작가의 사상과 철학을 엿볼 수 있다. 마찬가지로 보드게임을 플레이하면 개발자의 메시지와 의도를 느낄 수 있다. 그래서 보드게임 개발자를 흔히 작가라고 부르는 것이다. 이런 명칭이 붙은 이유는 몇 가지가 있는데, 그 중 보드게임 제작 과정을 단순히 규칙을 설계하거나 보드 판을 디자인하는 것을 넘어 하나의 창작으로 대하는 태도가 가장 큰 이유다.

보드게임은 이야기, 규칙, 디자인, 플레이어의 경험 등을 종합적으로 고려하여 만들어지는 창작품이다. 이 주장에 대한 증거는 현대 유럽 보드게임 산업, 특히 독일 보드게임 산업에서 찾아볼 수 있다. 예시로 독일의 보드게임 출판사 코스모스는 본래 자연 과학 안내서, 기술 서적, 아동과 청소년 도서 등을 출판하는 도서 출판사였다. 책을 출판하는 출판사에서 보드게임을 만들다 보니 자연스럽게 도서처럼 작가의 이름을 게임 겉 박스에 명시하게 됐다. 이로 인해 자연스럽게 창작자의 권리를 강조하고 독창성을 인정하는 분위기가 만들어진 것이다. 나 역시 보드게임을 만드는 사람을 작가라고 부르길 좋아한다. 왜냐하면 책이 그러하듯이 보드게임 작가도 작품을 통해 자신의 긍정적인 메시지를 보드게임과 함께 전달할 수 있기 때문이다.

내가 보드게임으로 전한 이야기

어린 시절 나는 시골에서 장수풍뎅이와 청개구리를 잡고, 이름도 모르는 풀벌레와 친구가 되었다. 동네 뒷산이나 들판에서 다양한 생물들을 자주 볼 수 있었다. 그러나 지금은 그런 풍경을 보기 힘들다. 이 때문에 내가 경험했던 추억들을 아이에게 보여주고 싶어도 쉽지 않고 그저 나만의 오래된 기억으로만 남아 있다. 나는 단순히 안타까워하는 데서 그치지 않고 사람들이 이런 생물들에 대해 더 잘 알고 관심을 가지면 좋겠다고 생각했다. 그래서 멸종 위기

종과 토종 생물들을 중심으로 환경 보호의 메시지를 담은 보드게임을 만들기로 결심했다. 보드게임을 통해 아이들과 어른들 모두가 자연과 생명에 관한 이야기를 쉽고 즐겁게 접할 수 있기를 바랐다. 나 역시도 제작 과정에서 환경 문제에 더 관심을 갖게 되었고 자연스럽게 일회용품을 줄이려고 노력하고 재생 용품이나 친환경 제품을 먼저 찾는 변화를 겪었다. 내가 게임을 통해 자연스러운 변화를 맞이했듯이, 보드게임을 통해 누군가의 삶에도 작은 변화가 일어나기를 바랐다. 이렇게 탄생한 보드게임이 《에볼루션 푸드체인》이다. 이 게임은 생물을 통해 먹이 사슬을 완성하는 방식으로 진행된다. 게임이 끝난 뒤 완성된 먹이 사슬 피라미드를 바라보면 게임에 집중하느라 놓쳤던 생물들이 눈에 들어온다. 완성된 먹이 사슬을 보며 '이런 녀석들도 우리와 함께하고 있었구나.'라고 생각하게 된다. 그렇게 눈에 보이지 않는 곳에서 유기적으로 움직이고 있는 환경의 규칙을 떠올리다 보면 단순한 게임을 넘어 자연이 우리 곁에서 여전히 숨 쉬고 있음을 느끼게 된다.

또 하나의 사례가 있다. 한국사 보드게임인 《코레아우라》이다. 코레아우라는 안중근 의사가 이토 히로부미를 저격하고 외친 말이다. 한국사에 깊은 관심을 가져온 나는 역사 보드게임을 구상할 때 가장 먼저 이 외침을 떠올렸다. 일제강점기 동안 나라를 위해 싸운 독립운동가와 사건들을 모아 자료로 정리했고, 이를 토대로 마피아 형식의 게임을 만들었다.

"우리는 독립운동을 하기 위해 모인 독립운동가들이다. 독립신문 발행, 안중근 의거, 청산리 대첩 등 독립운동을 성공시키기 위해 독립물자를 모아야 한다. 우리 중 밀정이 있을 수 있으니 은밀하게 임무를 수행해야 한다. 동지들이여, 우리의 독립을 위해 함께 승리하자!"

이것이 코레아우라의 게임 배경이다. 배경만 읽어도 무엇을 해야 하는지 감을 잡을 수 있고, 게임을 진행하면서 자연스럽게 독립운동가와 사건들을 알게 된다. 웃고 떠드는 사이 어느새 역사가 마음속에 새겨지는 것이다.

나는 보드게임이 단지 오락이 아니라고 믿는다. 그 속에는 작가가 전하고 싶은 가치와 지키고 싶은 신념, 바꾸고 싶은 세상이 담긴다. 이렇게 보드게임은 자연의 소중함을 일깨우고 잊혀 가는 역사를 다시 떠올리게도 할 수 있다. 그리고 만약 게임이 재밌었다면 즐기는 동안 마음에 남은 생각과 감정이 즐거운 추억과 결합되어 오래 기억될 것이다. 그래서 나는 오늘도 또 하나의 보드게임을 만든다. 그리고 그 안에 담긴 철학과 생각으로 세상과 이야기한다.

세상을 바꾸는 한 판

어느 날, 뜻밖의 곳에서 보드게임 제작이 가능한지 묻는 내용의 메일이 왔다. 메일을 준 곳은 바로 누구나 한 번쯤은 들어봤을 세계적인 NGO 단체, 월드비전이었다. 어린 시절부터 TV 광고나 거리 캠페인을 통해 익숙하게 들어온 이름이라 소개를 듣는 순간 모를 수가 없었다. 그런 월드비전에서 나에게 보드게임을 제작하고 싶다고 제안하다니, 처음에는 무척 놀랐지만 이내 곧 설레는 마음으로 바뀌었다.

월드비전과의 첫 미팅은 서울 월드비전 본사 회의실에서 이뤄졌다. 회의가 시작되고 나는 보드게임에 관한 내 생각을 솔직하게 이야기했다. 환경 문제와 지속 가능성과 같은 긍정적인 메시지를 담은 콘텐츠를 만들고 싶다는 신념. 그리고 그것이 어떻게 보드게임이라는 도구와 연결될 수 있는지 설명했다. 다행히 월드비전의 반응은 긍정적이었고, 다른 업체들과의 모든 일정이 마치면 연락을 주겠다는 답변을 듣고 미팅을 무사히 마쳤다. 며칠 뒤, 월드비전에서 함께 하자는 연락이 왔다. 나중에 들은 이야기지만, 총 여섯 개의 보드게임 업체 중에서 내가 선택된 이유는 보드게임을 단순한 놀이가 아니라 생각을 전달하는 도구로 여기는 태도 덕분이었다. 감사하게도 내가 가진 철학과 방향성이 월드비전의 가치와 닿아 있었다.

프로젝트의 주제는 기후 위기였다. 요즘 지구는 단순히 지구 온난화의 수준을 넘어 지구 열대화라는 새로운 개념으로까지 나아가고 있다. 폭염과 한파, 이상 기후, 미세 먼지 그리고 사라져가는 생태계. 우리가 사람들에게 전해야 하는 메시지는 이런 것이었다. 메시지를 전달하는 것에서 그치지 않고 정말로 사람들을 움직이게 하려면 어떻게 해야 할까 고민에 고민을 거듭했다. 결국 우리는 스스로 생각하게 만드는 게임을 만들어야겠다고 생각했다.

그래서 우리는 이 질문을 중심에 두었다. "기후 위기, 당신은 무엇을 할 수 있나요?" 사람들은 이런 질문을 받는 순간 본능적으로 자기 행동을 돌아보게 될 것이다. 더 나아가 '지금까지 나는 어떤 행동을 해왔을까?' 또 '앞으로는 무엇을 더 할 수 있을까?' 하는 생각이 뒤따라올지도 모른다. 이처럼 특정 행동을 선택했을 때 어떤 영향이 생기는지를 스스로 생각하고 직접 경험하게 하는 구조는 게임에서 익숙하게 사용하는 방식이다. 그래서 우리는 정책 변화의 출발을 보드게임이 도울 수 있겠다는 가능성을 보았다. 만약 보드게임이 조금이라도 사람들의 의식을 바꿀 수 있다면 머지않아 세상을 바꾸는 힘도 생길 것이다. 작은 날갯짓이 거대한 태풍을 일으키듯, 단순 재미를 위해 즐기던 보드게임 하나가 세상을 바꾸는 시작점이 될 수 있다.

또한, 기후 위기와 같은 민감한 주제일수록 보드게임은 오히려 더 강한 힘을 발휘한다. 말로 설명하기 어려운 이야기도 보드게임이라는 매개를 통하면 자연스럽게 흡수되고 마음속에 남는다. 보드게임은 그렇게 설명이 아니라 체험하는 방식으로 세상과 소통한다. 질문을 던지고 공감을 유도하며 세상을 더 따뜻하게 바꾸는 보드게임만의 방식이다.

실제로 세상은 변하고 있다. 1987년, 전 세계는 오존층 파괴의 심각성을 인식하고 몬트리올 의정서를 채택했다. 그 결과 프레온 가스 등 오존층 파괴 물질이 규제되었고 지금은 오존층이 회복되고 있다는 연구 결과도 나오고 있다. 오존층 감소에 대한 과학적 평가 보고서[•]에 따르면 현재의 정책이 유지될 경우 남극은 2066년, 북극은 2045년, 나머

● 출처 Scientific Assessment of Ozone Depletion : 2022, 국회도서관 국가전략정보포털

지 지역은 2040년 안에 오존층이 1980년 수준으로 회복될 것이라 한다. 정책과 의지가 있으면 변화는 가능하다는 증거다.

보드게임은 단지 놀이에 그치지 않는다. 세상을 이해하는 또 하나의 언어이자, 사람과 사람을 잇는 다리가 된다. 주사위를 던지고 말을 옮기며 카드를 고르는 순간, 우리는 소통하고 경험하며 세상을 배워간다. 그리고 그 가능성은 지금도 계속 확장되고 있다. 보드게임은 우리의 또 다른 삶을 비춘다. 공부가 어려운 학생에게는 학습의 기회를, 치매 증상이 있는 노인에게는 예방 효과를, 환경 문제를 고민하는 이에게는 지구를 지키기 위한 행동의 동기를 제공한다. 이 모든 것이 보드게임을 통해 가능하다. 나는 그 무한한 가능성을 믿는다. 그리고 앞으로도 그 믿음을 따라 누군가에게 긍정적인 영향을 전하는 보드게임 작가가 되고자 한다.

추억을 기록하는
또 다른 방식

디지털 게임은 혼자서 깊게 몰입할 수 있는 장점이 있다. 환상적인 그래픽과 방대한 스토리 속에서 자신만의 세계를 탐험한다. 때로는 현실을 잊고 모험을 떠나 나만의 캐릭터를 키우고 나만의 길을 만들어 나갈 수 있다. 그러나 게임이 끝난 뒤 문득 찾아오는 공허함이 가끔 피로하게 느껴지기도 한다. 긴 시간을 함께하며 유대감을 쌓았던 캐릭터들은 정작 손을 뻗어도 닿지 않는다. 함께였던 순간도 게임을 끝내면 다시 혼자가 되고 만다.

반면 보드게임은 디지털 게임과는 다른 세계를 선사한다. 한 공간에 모인 사람들이 같은 테이블에 둘러앉아 눈빛을 교환하며, 웃고, 실망하고, 환호한다. 누군가 예상치 못한 수를 던져 판을 뒤집는 순간의 짜릿함, 능청스럽게 거짓말하며 게임을 이끄는 순간의 긴장감, 또는 실수 하나로 모두가 웃음바다가 되는 즐거움. 이 모든 감정들은 직접 만나 함께 시간을 보내야만 느낄 수 있다. 모니터를 통해서는 절대 얻을 수 없는 따뜻하고 인간적인 감정이다. 보드게임은 단순한 놀이나 시간이 아닌 사람과 사람 사이를 이어주는 다리다. 게임 안에서 협력하고, 갈등하고, 화해하는 과정을 거치며 우리는 서로를 더 깊이 이해하게 된다.

보드게임은 게임이 끝나는 순간이 오더라도 "우리 집에서 다음 주에 또 만나요"라는 약속이 자연스럽게 따라온다. 보드게임을 재밌게 해 본 경험이 있는 사람이라면 누구나 '다음에 또 하고 싶다'는 마음이 들었을 것이다. 그렇게 몇 번이고 사람들과 모여 즐기다 보면 추억이 쌓이고, 서로 간의 거리가 좁혀지며 관계가 돈독해진다. 그것이 바로 단순한 놀이로만 여겼던 보드게임의 진짜 매력이다. 디지털 세상 속에서 우리는 많은 것을 얻었지만 동시에 중요한 것을 놓쳤다. 바로 느리게 즐기는 기쁨과 손끝으로 직접 느끼는 따뜻함 같은 것들이다. 보드게임은 이런 감각을 다시 일깨워 준다. 물론 디지털 게임에 비하면 답답하고 느리게 느껴질 수 있다. 하지만 그 느림 속에는 깊이가 있다. 서로 대화를 나누고 전략을 논의하며, 상대의 행동에 반응하는 과정에서 자연스럽게 유대감과 재미가 자라난다. 보드 판 위에서 말을 움직이고 주사위를 굴리며 카드를 뒤집는 매 순간 우리는 손끝을 통해 세상을 다시 느낀다. 마치 아기들이 장난감을 가지고 놀면서 세상을 배워 나가는 것처럼 작은 말 하나를 통해 직접적인 접촉과 경험의 가치를 새삼 깨닫는 것이다. 그렇기에 디지털 시대일수록 아날로그적인 이 물리적 체험이 더욱 소중하게 느껴진다.

보드게임 개발에 관한 강의를 진행했던 날이었다. 강의 첫날이라 모두들 서로의 눈치를 살피며 조용히 앉아 있었고 강의실에는 어색함이 감돌았다. 먼저 말을 걸 용기가 사라질 만큼 공기가 점점 뻣뻣해지는 게 느껴졌다. 그 어색함을 깨 보겠다고 내가 꺼낸 비장의 무기는 이름 맞추기 게임이었다. 각자 종이에 자기 이름의 모음만 적어 사람들이 볼 수 있도록 책상에 올려두고 나는 칠판에 자음을 ㄱ부터 ㅎ까지 모두 적었다. 참가자들은 자기 차례에 자음 하나를 고르거나 과감히 누군가의 이름을 맞추는 행동을 해서 참가자들의 이름을 밝혀내는 게임이었다. 간단한 게임이지만 막상 시작하자 분위기가 달아올랐다. 자음 하나가 불릴 때마다 신중한 표정을 짓던 사람도 금세 웃음을 터뜨렸다. 틀리면 다 같이 폭소하기도 하고 맞추면 작은 환호가 터졌다. 이름을 맞추는 와중에 엉뚱한 추측도 나오고, 그걸 빌미로 장난이 오가면서 정적만 흐르던 교실에 웃음 소리와 대화가 생겨났다.

이 게임 덕분이었을까? 강의가 끝날 무렵 한 수강생에게 초반에 게임을 한 덕분에 긴장을 풀고 사람들과 친해질 수 있어 좋았다는 평가를 들었다. 분위기를 풀어 보겠다는 얄팍한 계산으로 준비한 게임이었는데 누군가에게는 하루를 특별하게 하는 추억이 되었을 수도 있겠다고 생각하니 뿌듯한 마음이 들었다.

이런 경험은 직접 사람과 만나 소통하는 자리였기 때문에 가능했던 것이라고 생각한다. 온라인 강의였다면 화면 속 이름표만 보고 끝났을 것이다. 하지만 눈을 마주치고 웃음이 오가는 그 짧은 순간이 딱딱하게 굳은 분위기를 풀어주고 낯선 감정을 희미하게 만들어주었다.

요즘 세상은 빠르고 화려하다. 스마트폰 하나로 정보, 관계, 심지어 감정까지 손가락 하나로 주고받는다. 하지만 그 편리함 속에서 우리는 많은 것을 놓치고 있다. 천천히 느끼는 즐거움, 깊이 공감하는 경험, 손끝을 타고 전해지는 따뜻함 같은 것들이다. 보드게임은 바로 그 잊어버린 감각을 다시 불러낸다. 책상 위에서 웃고 실망하고 다시 화해하는 과정 속에서 우리는 감정을 나눈다. 전략을 세우고 협력하거나 경쟁하며 자연스럽게 대화가 이어지고 작은 말 한마디나 눈빛 하나에도 감정이 묻어난다. 그렇게 쌓인 순간은 오래도록 마음속에 남는 추억이 된다.

나는 보드게임이 단순한 장난감이 아니라고 생각한다. 사람과 사람을 이어주고, 함께하는 순간마다 일상을 특별하게 바꿔주는 작품이다. 결과나 승패는 중요하지 않다. 중요한 것은 그 순간 함께 웃고 감정을 나눴다는 사실이다. 오늘 당신도 사랑하는 사람과 보드게임 한 판을 펼쳐보면 어떨까. 그 한 판이 인생에서 가장 따뜻한 추억이 될지도 모른다.

알고 보면 더 재미있는
보드게임 이야기

피라미드 옆에서
거실 탁자 위까지

　보드게임은 언제부터 시작되었을까? 이 질문에 대한 답변은 학자와 기준에 따라 조금씩 달라서 정확하게 언제부터 보드게임이 시작되었는지를 단정할 수는 없다. 다만 고고학적으로 인정하는 최초의 보드게임은 고대 이집트의 《세네트 Senet》라는 게임이다. 세네트는 기원전 약 3,100년경의 무덤 벽화에서 그 흔적이 발견될 정도로 당시 귀족과 왕족들이 즐겼던 게임이었다. 세네트는 2인 전용 보드게임이다. 보드 판 위에 말을 놓고, 자신의 차례에 막대기를 던져 말을 이동시켜 마지막 칸에 도착시키면 이기는 게임이다. 이집트인들은 세네트를 단순한 오락을 넘어 사후 세계로 향하는 여정을 상징하는 신성한 의례적 행위로 보았다.

　이러한 사실만 보더라도 보드게임은 역사적으로 인간의 삶과 밀접하게 연결되어 있었음을 알 수 있다. 하지만 "누가 처음 보드게임을 만들었는가?"라는 질문에 그 누구도 정확하게 답할 수 없을 것이다. 이유는 단순하다. 아주 오래전부터 인간은 주변에 모든 것들로 놀이를 해 왔기 때문이다. 예를 들어 돌멩이 두 개를 가져와 하나를 바닥에 두고 다섯 걸음 떨어진 곳에서 다른 돌멩이를 던져 바닥에 있는 돌멩이를 맞히는 놀이를 생각해 보자. 이 놀이를 보드게임이라고 할 수 있을까? 여러가지 의견이 있겠지만 나는 감히 보드게임이라고 하고 싶다. 여러 명이서 작은 도구를 갖고 놀았기 때문이다. 간단하게 돌을 갖고 하는 게임일지라도 규칙, 도구, 경쟁이라는 요소가 결합되었다면 보드게임이라고 할 수 있다. 이렇듯 인간은 아주 오래전부터 도구를 활용해 놀이를 만들고 규칙을 정해 경쟁하는 것에 재미를 느꼈다. 따라서 보드게임의 기원은 인류의 기원과 함께 시작되었을 가능성이 크다.

세네트 외에도 기원전 약 2천 년경부터 아프리카와 중동 지역에서 유행한 《만칼라 Mancala》라는 게임이 있다. 이 게임은 돌이나 씨앗을 구멍이 파인 판에 놓고 이동시키며 점수를 얻는 방식으로 진행된다. 전략적 요소가 강하며 다양한 지역적 변형이 존재한다. 또 하나의 고대 게임은 중국에서 시작된 《바둑 go》이다. 기원전 약 2,500년경부터 존재했던 이 게임은 흑과 백의 돌을 두어 세력을 확장하는 전략 게임으로 지금도 전 세계적으로 사랑받고 있다. 바둑은 단순한 규칙 속에서 무한한 전략이 가능해 두뇌 활용 게임의 대표 격으로 평가받는다.

또한, 메소포타미아 지역에서는 기원전 약 2,600년경 수메르 문명의 우르 왕릉에서 《우르 왕실 게임 Game of Ur》이 발견되었다. 이 게임은 주사위 개념을 도입한 초기 보드게임 중 하나로 보드 판을 따라 상대보다 먼저 자신의 말을 먼저 탈출시키는 경주형 보드게임이다. 규칙의 일부가 점토 판에 남아있으며 현대에도 복원된 버전이 보급되어 있다. 이처럼 고대부터 다양한 지역에서 다양한 형태의 보드게임이 존재했다. 이는 인간이 사는 곳이면 어디든 놀이가 존재했고 그것이 어떤 형태로든 규칙과 상호 작용을 포함하는 보드게임으로 발전했음을 의미한다.

우리가 흔히 잘 아는 카드와 말, 주사위가 있는 형태의 보드게임은 비교적 최근에 등장했다. 산업 혁명 이후 독일을 중심으로 유럽 전역에 본격적으로 퍼져나가기 시작했다. 19세기 후반과 20세기 초부터는 인쇄 기술의 발전과 대량 생산 기술 덕에 보드게임은 중산층 가정에도 퍼져나갈 수 있었다. 이 시기부터 상업적인 보드게임이 제작되기 시작했다. 다양한 작가들이 새로운 게임을 고안하며 제작하면서 현대 보드게임의 기반이 되었다. 보드게임의 기초가 되는 규칙과 메커니즘들도 이때 다수 만들어졌다.

현대 보드게임은 지역과 문화에 따라 발전 양상이 다르다. 대표적으로 유럽과 아메리카 스타일로 나눌 수 있다. 유럽 스타일, 특히 독일에서 발전한 유로게임●은 운보다는 전략, 자원 관리, 효율적인 점수 획득 등을 중심으로 한다. 플레이어 간의 직접적인 충돌이 적고 개인의 계획과 전략으로 승패가 결정된다.

대표적인 게임으로는 《카탄의 개척자들 The Settlers of Catan》, 《카르카손 Carcassonne》, 《티켓 투 라이드 Ticket to Ride》 등이 있다. 전략적 요소가 핵심인 만큼 다시 하고 싶은 리플레이성이 높다. 반면 아메리카 스타일의 보드게임은 테마와 스토리텔링을 강조한다. 운의 요소가 강하며 전투나 충돌 사건 카드 등의 요소로 인해 매 게임이 예상 밖의 전개로 흘러갈 수 있다. 대표적인 예로는 《리스크 Risk》, 《좀비사이드 Zombicide》, 《아컴 호러 Arkham Horror》 등이 있다. 이 게임들은 풍부한 스토리와 테마를 갖고 있어 플레이어들이 빠져들기 쉽고, 이 덕분에 팬층이 두텁다. 그리고 게임 자체의 메커니즘과 규칙은 유럽 스타일보다 간단해서 가벼워 보일 수 있지만 그 게임 속의 세계관에 빠져들면 오히려 헤

● 테마보다 시스템과 전략에 중심을 둔 보드게임

어나오기는 쉽지 않다.

　요즘 보드게임 작가들은 다양한 스타일을 섞어 새로운 재미를 창조한다. 또 테마에 맞는 메커니즘을 연구하며 플레이어가 더 깊이 몰입하고 흥미를 느낄 수 있는 방식을 끊임없이 고민한다. 덕분에 보드게임은 이제 단순한 놀이를 넘어 하나의 문화 콘텐츠이자 예술 작품으로까지 평가받고 있다. 이처럼 현대 보드게임은 다양한 요소들이 결합되어 이루어졌고, 그 결과 보드게임의 폭넓은 인기와 문화적 영향력을 증대시켰다.

마니아의 취미?
아니, 모두의 놀이!

"보드게임 하는 사람들은 대부분 덕후 아니야?"

보드게임을 즐기는 사람이라면 이런 질문을 들어본 적이 있을 것이다. 물론 나도 이런 말을 들었던 기억이 있다. 어쩌면 당신도 누군가가 보드게임에 대해 말할 때 속으로 덕후 같다는 생각을 해 본 적이 있을지 모른다. 보드게임은 오랫동안 조금은 특이한 취미로 인식되었다. 특히 게임에 몰두하고 있다면 사회성이 부족한 사람이라는 고정 관념이 쉽게 따라붙곤 했다. 그런데 정말 보드게임은 덕후적인 취미일까? 아니면 단지 보드게임에 대한 인식이 뒤처졌던 것일까?

이 오해가 생긴 데에는 나름의 이유가 있다. 보드게임이 대중문화로 자리 잡기 전 많은 보드게임 팬은 인터넷 카페나 동호회에서 활동했다. 초기에 국내에 유입된 보드게임 중 상당수는 판타지, SF, 농업, 중세 시대, 산업 경영과 같이 낯선 테마의 게임들이었다. 게다가 게임 규칙도 복잡했고 한 판을 끝내려면 몇 시간을 투자해야 하는 경우도 흔했다. 그러다 보니 자연스럽게 게임을 이해할 수 있는 사람끼리 모이게 되었고 따로 모일 수 있는 공간도 필요했다. 이런 특징들이 보드게임을 마니아들의 전유물처럼 보이게 만들었다고 볼 수 있다.

또한 일본에서 시작된 오타쿠 문화가 보드게임 문화와 일부 겹쳐있기도 했다. 애니메이션 일러스트, 미니어처, 전략 시뮬레이션에 흥미가 있는 사람들은 비슷한 성질을 가진 보드게임을 자연스럽게 받아들였다. 어쩌면 이들이 초기 보드게임 문화를 이끌었다고 할 수도 있을 것이다. 그 결과 보드게임을 단순히 오타쿠 문화의 일환으로 바라보는 외부의 시각이 생겨났다. 하지만 중요한 것은 지금은 2020년대라는 사실이다. 보드게임은 놀랄 만큼 넓고 다양해졌으며, 더 이상 소수를 위한 취미가 아니다.

"보드게임 좋아하는 사람들 말 진짜 잘하네요."

이 말은 보드게임을 처음 해 본 사람들이 종종 하는 말이다. 그도 그럴 것이 보드게임은 본질적으로 사람과 교류하는 게임이기 때문이다. 규칙을 이해하고 자신의 전략을 세우는 동시에 타인의 행동을 예측해야 한다. 때로는 상대방과 협동하거나 속이며 감정을 나누기도 한다. 이 모든 게 한판의 게임에 담겨 있다. 다수의 보드게임은 혼자 조용히 즐기는 게임이 아니라 대화와 표정을 주고받고 분위기를 읽어야 하는 활동이다. 실제로 보드게임을 좋아하고 자주 하는 사람들을 보드 게이머 board gamer라 부르는데, 대부분 사회적 활동에 매우 익숙한 사람들이다.

많은 보드 게이머는 새로운 게임을 배우는 걸 두려워하지 않는다. 그리고 생판 처음 만난 사람과도 함께 웃고 떠들며 놀 수 있는 능력을 갖췄다(이건 외향형이냐 내향형이냐에 관한 문제가 아니다). 게임을 설명하고 상황을 리드하고 때로는 판을 정리하며 다른 사람에게 추천하기도 한다. 이것을 보드게임을 영업한다고 부르는데 이 때 사람들의 흥미를 일으키기 위해서는 적당한 말 실력으로는 안 될 것이다. 이런 면에서 이들을 사회성의 고수라 부르는 것도 과언이 아니다.

보드게임을 좋아하는 사람 중에는 특정 게임에 대해 엄청난 이해도와 분석력을 가진 이들이 많다. 이들은 하나의 보드게임을 다룰 때 게임을 하는 것에 그치지 않고 전략을 연구한다. 세부 규칙을 파악하고 확장판을 찾아 플레이 스타일을 비교하면서 보드게임을 분석한다. 이런 모습을 보고 누군가는 "너무 빠져 있는 거 아냐?"라고 말할 수 있다. 하지만 사실 이건 어떤 취미든 진지하게 임하는 사람에게서 나타나는 자연스러운 현상이다. 낚시든 와인이든 클래식 음악이든 진짜 자신의 취미를 좋아하는 사람들은 그 분야의 맥락과 역사까지 파고들기 마련이다. 보드 게이머들은 게임이라는 도구를 통해 자기만의 즐거움과 탐구를 이어가는 사람들이다. 게다가 이들은 그 지식을 혼자 간직하지 않는다. 오히려 다른 사람에게 게임을 소개하고 함께 하자고 권유한다. 더 많은 사람과 게임을 나누려 한다. 다시 말해 보드 게이머는 열린 마니아에 가깝다.

이런 보드 게이머를 보면 가끔은 '왜 저렇게까지 하지?' 하는 생각이 들 수도 있다. 하지만 그 몰두의 방향을 찬찬히 들여다보면 단순히 게임을 오래 한다거나 규칙을 많이 안다는 수준을 넘어선다. 보드 게이머들은 규칙 속의 수학적 구조를 이해하고 심리를 읽고 새로운 상황에 전략적으로 대응하는 데 익숙하다. 타인의 생각과 선택, 감정까지 염두에 둬야 하는 보드게임에 익숙해진 이들은 누군가의 눈빛과 말투에서 힌트를 읽을 수 있고 협상이나 설득을 통해 판세를 바꾸기도 한다. 이런 경험을 수십 번 반복한 사람은 자연스레 말하는 법, 듣는 법, 공감하는 법을 익히게 된다. 보드게임이 단순한 취미 활동을 넘어서 사고력과 소통 능력을 발휘하도록 하는 학습자 역할을 하는 것이다.

게임을 통해 학습한 이런 사회성은 단지 게임에만 머물지 않는다. 그래서 종종 보드게임 모임에서 만난 사람들은 직업적으로도 다양한 능력을 갖춘 경우가 많다. 교육자, 디자이너, 기획자, 상담사, 개발자 등 분야는 다르지만, 사람을 읽고 구조를 이해하는 능력은 모두 뛰어나다. 또 반대로 구조를 잘 파악하고 사람을 잘 이해하는 사람들이 보드게임을 잘하기도 한다. 게임을 잘하는 사람은 결국 사람과 상황을 잘 이해하는 사람이다. 우리가 간과했던 것은, 보드게임이 단지 마니아적인 취향이어서가 아니라 보드게이머들이 본래 뛰어난 집중력과 사회성을 지닌 사람들이라 그 힘이 더 도드라져 보였던 것일지도 모른다.

마니아적인 취미라는 말에는 어딘가 모르게 취향에 대한 편견과 사회성 부족에 대한 낙인이 섞여 있다. 하지만 그것은 명백한 오해다. 보드게임은 사람 사이의 놀이고 관계 속에서 살아 숨 쉬는 콘텐츠다. 혹시 아직도 보드게임을 마니아적이라고 생각하고 있다면 한 번쯤 보드게임을 해 보라고 추천하고 싶다. 혹은 주변의 보드 게이머와 함께 시간을 보내는 것도 좋다. 누구보다 사교적이고 활기찬 사람들과의 아주 유쾌한 경험이 기다리고 있을 것이다.

진화의 파도 위를
서핑하는 보드게임

보드게임이라고 하면 떠올리는 모습은 대체로 정해져 있다. 책상 위에 보드 판을 펼치고 알록달록한 주사위를 굴리며 말을 움직이거나, 카드를 번갈아 내는 풍경이다. 이 때문에 체스나, 부루마블, 카드 게임이 보드게임의 전부인 것처럼 여겨지곤 한다. 하지만 이는 보드게임을 바라보는 하나의 단면에 불과하며 이것이 전부라고 단정하는 것은 틀린 생각이다.

보드게임은 말로 다 표현할 수 없을 만큼 다양한 것들로 만들어진다. 새로운 신소재를 활용해 창의적인 방법을 개발하기도 하고 시대 흐름에 맞춰 끊임없이 진화하면서 실험적 시도를 통해 변화하고 있다. 보드게임계의 오스카상이라 불리는 독일 게임상 SDJ 어린이 부문에서 아시아 최초로 수상한 《오키도키 원정대》가 좋은 예이다. 이 게임은 평범한 종이 카드와 나무 말 대신 자석을 활용하여 역동적인 움직임을 구현했다. 또 다른 예로 플레이어가 점토로 직접 몬스터를 만들어 게임 속 전투에 활용하는 등의 방식을 통해 시각과 촉각을 자극하는 보드게임으로 《네크로몰드 Necromolds》가 있다. 또한 종이에 그림을 그리면서 진행하는 드로잉 플레이 보드게임들도 늘어나고 있다.

우리가 보편적으로 보드게임 하면 떠올리는 구성물들이 다 갖추어지지 않은 게임도 많다. 특히 보드 판 없이 카드만으로 구성된 게임은 수만 가지 이상일 것이다. 개인 보드만을 활용하거나 심지어 테이블 없이 진행할 수 있는 게임들도 존재한다. 이런 방식은 보드게임이 단지 특정 도구나 방식에 의존하는 것이 아니라는 것을 증명하면서 동시에 플레이 방식의 자유로움과 규칙을 기반으로 한 사고에 중점을 두고 있음을 보여준다. 다시 말해 무엇을 가지고 노느냐가 중요한 것이 아니라 어떻게 가지고 노느냐가 중요한 것이다.

구성물만의 변화만 있는 것도 아니다. 오늘날의 보드게임은 오프라인에만 머무르지 않는다. 디지털 기술의 발전으로 인해 보드게임 역시 PC, 모바일, 콘솔 등 다양한 온라인 공간에서 찾아볼 수 있다. 대표적으로 Board Game Arena, Tabletopia, Tabletop Simulator 등은 물리적 보드게임을 디지털 환경에서 구현한 플랫폼들이다. 이러한 서비스는 전 세계 유저들과 실시간으로 게임을 즐길 수 있다는 장점이 있다. 친구와 떨어져 있어도 같은 게임을 공유할 수 있고 튜토리얼 기능, 자동 점수 계산, 규칙 설명 등도 포함되어 있어 초심자도 쉽게 접근할 수 있다. 그리고 AI 플레이어와의 대전도 가능해서 1인 플레이의 문턱도 낮아지고 있다.

그렇다고 보드게임이 온라인화만 되는 것은 아니다. 디지털 보드게임과 오프라인 보드게임의 경계를 허물며 이 둘을 결합한 하이브리드 보드게임도 꾸준히 등장하고 있다. 스마트폰이나 태블릿 등 모바일 기기와 보드게임을 결합한 형태로 보드게임의 직접 경험과 디지털의 유연함을 모두 담아낸다. 앱이 자동으로 점수를 계산해 주거나 게임의 스토리 진행을 도와준다. 음향 효과나 배경 음악, 특정 상황에 따른 이벤트 발생을 디지털 기기를 통해 더욱 몰입감 있게 즐길 수 있다. 《광기의 저택 Mansions of Madness》과 《사건의 재구성 Chronicles of Crime》이 대표적인 예시다.

보드게임은 단순한 놀이에서 점차 문화 콘텐츠로서의 위상을 확립해 가고 있다. 단순한 놀이에서 게임의 역할이 끝나는 것이 아니라 하나의 이야기와 세계관을 바탕으로 웹툰, 애니메이션, 소설, 영상물 등으로 확장되고 있다. 그리고 새롭게 창작된 분위기와 설정, 캐릭터를 활용해 또 다른 게임을 만들기도 한다. 이렇게 원본 콘텐츠를 원본과 다른 형태로 변용하여 확장하는 것을 원소스 멀티유즈OSMU라고 한다. 실제로 《글룸헤이븐Gloomhaven》은 방대한 세계관과 시나리오를 바탕으로 보드게임을 넘어 소설, 웹툰, 영상 콘텐츠로 확장되었다. 《익스플로딩 키튼Exploding Kittens》은 모바일 앱, 장난감, 책 등의 다양한 파생 콘텐츠를 제작했다. 또 출시 이후 다양한 확장 팩과 테마 변화, 난이도 조절 버전을 추가해 새로운 재미를 더하기도 한다. 이러한 확장은 단순한 재미를 넘어 지속적인 팬 유입과 충성도를 이끌어 낸다. 단순히 게임을 즐기는 것이 아니라 하나의 브랜드로서 확장해 가는 것이다.

세상이 변하는 것처럼 보드게임도 진화의 파도 위를 서 핑하고 있다. 새로운 구성물과 첨단 디지털 기술의 결합은 보드게임을 창작과 콘텐츠 산업의 영역까지 확장 시켰다. 새로운 소재와 기법, 독창적인 아이디어가 더해질수록 보드게임은 더욱 빛나며 단순한 도구가 아니라는 사실을 증명한다. 무엇보다 보드게임을 정의하는 것은 도구가 아니라 함께하는 사람들과 그들이 만들어 가는 플레이 방식이다. 거기에 진정한 의미가 있다.

보드게임의
오해와 진실

보드게임에 관심은 있지만 쉽게 발을 들이지 못하는 사람들이 흔히 하는 말이 있다. "보드게임 재밌어 보이는데 친구도 많아야 하고 규칙도 복잡하고 무엇보다 너무 비싸잖아." 겉보기에 그럴듯하지만 사실 이는 대표적인 오해이자 편견이다. 물론 일부의 고가 보드게임도 있고, 여러 명이 해야 하는 게임이 있는 것도 사실이다. 그러나 그렇다고 해서 '비싸다', '복잡하다', '사람이 많아야 한다'는 말로 보드게임의 즐거움을 포기하지 않았으면 한다.

사람이 많아야만 한다는 오해

보드게임이라는 단어만 떠올리면, 왁자지껄하게 모여 웃고 떠드는 장면이 그려진다. 그래서 "나는 친구가 많지 않아서 못 해"라는 생각으로 주저하는 경우가 많다. 하지만 요즘에는 혼자서도 할 수 있는 1인 전용 게임부터 2인

게임까지 폭이 다양하다. 요즘 각광받는 1인 전용 보드게임 중 일부는 비디오 게임 못지않은 몰입감과 스토리 전개를 자랑한다. 혼자서도 규칙을 익히고 여러 번 반복 플레이하며 여러 엔딩을 볼 수도 있다.

2인 전용으로 설계된 《패치워크Patchwork》, 《로스트 시티Lost Cities》 같은 게임은 연인이나 부부, 룸메이트끼리 즐기기에 제격이다. 심지어 바둑이나 체스, 장기 같은 고전 보드게임도 본질적으로 2인 전용이다. 또한 2인 전용 게임 시장은 해마다 성장하고 있다. 더불어 AI 대결 모드나 디지털 튜토리얼 덕분에 사람 수에 상관없이 즐길 수 있는 시스템도 많다. 보드게임은 사람이 많아야만 한다는 생각은 이제 구시대적인 발상이다.

비싼 취미라는 오해

보드게임 가격은 만 원대부터 수십만 원대까지 천차만별이다. 미니어처가 가득 들어간 대형 게임은 십만 원 이상을 넘기기도 한다. 하지만 보드게임은 한 번 하고 끝나는 소비형 취미가 아니다. 한 번 구매하면 수십 번 많게는 백 번 이상 즐길 수 있다. 심지어 플레이어나 상황에 따라 매번 새로운 게임을 하는 느낌이 든다.

처음 입문할 때부터 고가의 게임을 사는 사람은 거의 없다. 그리고 꼭 고가의 게임을 사지 않아도 1∼2만 원대의 재미있는 게임도 수없이 많다. 또한 최근에는 보드게임 도서관, 동호회, 보드게임 카페 등을 통해 게임을 소유하지 않고 즐기는 방식도 보편화되고 있다. 심지어 일반 도서관에서 보드게임을 대여해 주는 곳도 점점 늘고 있다. 이와 같이 빌려서 해 보고 취향에 맞으면 구매하는 선 체험 후 소비는 보드게임을 구매해야 한다는 부담을 크게 줄여준다. 또한 중고 시장이 활성화되어 있어 재판매를 염두에 두고 즐기기 때문에 상태가 좋은 중고품이 많다. 수월한 재판매를 위해 오거나이저 보드게임을 정리하는 정리함나 슬리브 카드를 보호하는 필름 같은 것를 함께 제공하는 경우도 있다. 이런 점에서 보면 보드게임은 다른 취미보다 경제적이기까지 하다.

이해하기 어렵다는 오해

보드게임 하면 복잡한 규칙서를 떠올리며 진입 장벽을 높게 생각하는 경우가 많다. 하지만 요즘은 유튜브나 앱으로 규칙 설명을 쉽게 접할 수 있고, AI가 튜토리얼을 진행해 주는 하이브리드 게임도 등장했다. 일부 게임은 앱이 자동으로 세팅과 시간 관리, 스토리 분기까지 담당한다. 《언락 Unlock》 시리즈는 카드와 스마트폰을 함께 사용하는 보드게임과 비디오 게임의 장점을 결합한 사례다. 이런 발전 덕분에 규칙 이해에 대한 부담은 예전보다 훨씬 줄었다.

시간이 오래 걸린다는 오해

이 또한 보드게임에 대한 대표적인 오해 중 하나다.《할리갈리 Halli Galli》는 규칙 설명이 1분이면 끝나고, 한 판이 5~10분 안에 끝난다.《도블 Dobble》역시 단순한 규칙으로 초등학생도 쉽게 배울 수 있다. 이런 게임은 모임이나 가족이 저녁 시간에 가볍게 웃으며 즐기기에 안성맞춤이다. 보드 게이머들은 긴 전략 게임 사이사이에 5~10분짜리 브릿지 게임을 끼워 넣어 즐기기도 한다. 모든 영화가 세 시간짜리 블록버스터가 아니듯 보드게임도 짧고 가벼운 게임부터 깊이 있는 전략 게임까지 폭넓게 존재한다.

보드게임은 더 이상 전략 게임 마니아만의 취미가 아니다. 그리고 단순한 파티용 소품도 아니다. 어떤 이는 혼자 책 읽듯 집중해서 즐기기도 하고, 연인과 취미를 공유하거나 가족과 의미 있는 시간을 보내기 위해 즐기기도 한다. 시간이 지나며 보드게임은 하나의 문화이자 누구나 누릴 수 있는 취미가 되었다. 보드게임을 시작하기 위한 조건은 이미 충분하다. 스마트폰을 잠시 내려놓고 가족이나 친구와 함께 혹은 혼자서라도 즐겨보자. 만약 이런 이유들 때문에 보드게임을 접해보지 못했다면 오늘이 그 생각을 바꿔볼 기회다.

보드게임
제작하는 법

나도 보드게임을
만들 수 있다

드디어 본격적인 보드게임 만들기의 시작이다. 결론부터 말하면 보드게임 개발에는 "이렇게 해라, 저렇게 해라" 같은 정해진 방식이 없다. 처음에는 종이에 떠오르는 아이디어를 자유롭게 적어 내려가는 것만으로도 충분하다. 마치 그림을 그리는 것처럼 말이다. 하지만 아무렇게나 그린 그림이 좋은 작품이 될 수 없듯 보드게임도 마찬가지다. 내가 표현하고 싶은 세계를 제대로 담아내려면 기본기를 탄탄히 익히는 것이 중요하다. 기본기를 익힌 뒤에야 비로소 자신만의 색깔을 입힐 수 있다.

여기서 말하는 기본기는 단순히 연습만의 문제가 아니다. 순서와 체계를 알고 따르는 것. 바로 그것이 게임의 완성도를 크게 좌우한다. 나 역시 처음에는 아무런 틀 없이 무작정 개발을 시작했다가 방향을 잃고 헤맨 적이 많았다. 그러나 가이드 라인을 갖추고 시작했을 때는 훨씬 수월하게 진행할 수 있었다. 이번 장에서는 보드게임을 실제로 어떻게 개발해 나가는지, 그 과정을 하나씩 풀어보려 한다. 먼저 보드게임을 제작하는 데에는 크게 세 단계로 나눈다.

1단계 기획

2단계 시제품 제작 및 테스트

3단계 아트워크 디자인 및 제품 제작

첫 번째 단계는 보드게임의 기획 즉 설계 단계다. 이 단계는 보드게임을 실제로 제작하기 전에 서류상에서 이뤄지는 모든 활동을 말한다. 만들고 싶은 보드게임을 머릿속에서 구상하고 그것을 문서화하며 구체화하는 과정이다. 개발의 흐름을 확실히 설정해야 이후 제작 단계에서 헤매지 않을 수 있다. 설계 단계에서는 주제와 장르를 정하고 연령, 인원, 시간 기본적인 게임 정보를 설정한다. 그리고 세부 규칙을 세우며 어떤 구성물이 필요한지, 어떤 장르를 사용할 것인지까지 등 상세하게 기획한다. 이 단계가 탄탄해야 이후 단계도 흔들리지 않는다.

두 번째는 시제품 제작과 테스트 단계다. 시제품은 보드게임의 최소한의 구성 요소를 갖춘 테스트 버전을 말한다.

종이와 펜만으로 만든 아주 간단한 형태일 수도 있고 약간의 디자인이 들어간 형태일 수도 있다. 완성 직전 단계의 시제품이라면 자신이 원하는 디자인을 적용해도 좋다. 하지만 초기 시제품부터 모든 디자인을 넣으면 시간과 에너지를 너무 많이 소모하기 때문에 추천하지 않는다.

이 단계의 핵심은 테스트다. 시제품이 만들어지면 본격적인 테스트가 가능하다. 테스트를 통해 게임 내 오류를 찾아 수정하고 다양한 상황의 대처 방법도 미리 시연해 볼수 있다. 어떤 작가는 이 테스트 단계가 가장 중요하다고 말하기도 할 만큼 게임 완성도를 좌우하는 핵심 단계다. 실제로 테스트를 통해 기획이 통째로 바뀌는 경우도 있다. 이런 경우는 아예 기획을 새로 하는 것과 다름없기 때문에 개인적으로 선호하지 않는다. 따라서 이런 경우를 방지하기 위해 앞서 설명한 기획을 탄탄히 구성해야 한다.

마지막은 시각 디자인과 제품 제작 단계다. 여기서 말하는 시각 디자인은 게임 전체 콘셉트와 구성물에 어울리는 일러스트를 말한다. 이 과정을 통해 게임의 시각적인 완성도가 높아진다. 아무리 재밌는 게임을 만들었다고 해도 흰종이에 낙서처럼 적힌 글자로 된 카드가 전부라면, 만든 본인을 제외하고는 게임을 하려는 사람은 거의 없을 것이다. 따라서 디자인은 게임의 매력을 시각적으로 표현해 플레이어들이 자연스럽게 '해보고 싶다', '가지고 싶다'는 생각이 들게 해야 한다. 디자인도 기획과 테스트만큼 보드게임의 완성도를 높이는 중요한 부분이다.

보드게임 작가라면 누구나 세상에서 제일 재미있고 멋진 보드게임을 만들고 싶어 한다. 하지만 막상 시작해 보면 어디서부터 어떻게 해야 할지 막막할 것이다. 하지만 속도가 느려도 방향만 맞으면 결국 도착한다는 진리를 잊지 말자. 나는 이 책에 나만의 보드게임 개발 비밀 노트를 몽땅 공개하려 한다. 언젠가 이 책에서 시작된 누군가가 세계적인 보드게임 작가로 등장한다면 그게 내 최고의 보상이 될 것이다.

2. 시제품 제작

→ 다양한 재료를 활용한 중심
  구성물 제작 단계

→ 테스트가 가능한 최소
  단위의 형태

→ 실제 플레이 가능한
  시제품 제작

1. 설계

→ 전체 개발 과정의 뼈대이자
  핵심 단계

→ 주제, 장르, 기본 정보,
  구성물의 틀을 설정

→ 세부 규칙과 기초 설립

3. 테스트 진행

→ 게임의 균형과
완성도를 다듬는 단계

→ 다양한 상황과
인원으로 테스트

4. 시각 디자인

→ 일러스트를 통해 매력과
상품성을 향상하는 단계

→ 드로잉, 색상,
폰트 등 시각적 요소를
체계적으로 구성

→ 게임에 입혔을 때 테마와
어울리는지 확인

5. 제품 제작

→ 최종 시제품을 기반으로
본격적인 대량 생산을
하는 단계

→ 인쇄소 및 구성물 제작
업체를 통해 본 제품을
제작

누구나 하는 보드게임 기획 5단계의 비밀

집을 지을 때 설계도가 필요하듯 보드게임에도 기획이라는 설계가 반드시 필요하다. 작가는 기획 단계에서 주제, 메커니즘, 구성 요소, 진행 방식을 체계적으로 정리하고 이는 결국 규칙서의 뼈대로 이어진다. 기획 단계에서는 규칙을 정하고 나열하는 데서 그치지 않고, 그 안에 자신의 생각과 가치관을 담아야 한다.

예를 들어 《팬데믹 Pandemic》은 협력과 연대를 경험하게 하고, 《데이브레이크 Daybreak》는 기후와 불평등 등 사회적 의제를 엿보게 한다. 두 작품 모두 맷 리콕 Matt Leacock의 작업으로 그의 기획 철학은 플레이어가 서로 경쟁하기보다 공통의 목표를 향해 함께 문제를 해결하고 전략을 세우도록 유도하는 데 있다.

이처럼 기획은 단순한 설계를 넘어, 세계를 바라보는 작가의 시각을 드러내는 과정이다. 플레이어는 짧은 규칙 한

줄, 카드 한 장에 스민 작가의 철학과 마주하며 작가와 대화하게 된다. 그러므로 보드게임 기획은 제작을 위한 준비가 아니라, 자신의 이야기를 세상과 나누는 창조적 선언이 될 수 있다. 이제 보드게임을 어떻게 기획할지 하나씩 살펴보자. 앞서 살펴본 보드게임 개발 3단계 중 1단계인 기획 단계는 또다시 5단계로 나눌 수 있다.

1단계 주제 선정

2단계 장르 선정

3단계 기본 정보

4단계 구성물

5단계 세부 사항 및 규칙서 작성

이 순서를 반드시 그대로 따를 필요는 없다. 다만 대체로 보드게임 아이디어를 떠올릴 때는 주제와 장르를 가장 먼저 생각한다. 주제가 분명해야 이후 방향이 흔들리지 않기 때문이다. 이후 각 단계별로 가이드라인을 스스로 세우며 기획을 진행한다. 이러한 과정은 기획의 혼란을 줄이고, 수정 비용을 최소화하며, 작가가 의도한 가치와 재미를 일관되게 구현할 수 있도록 돕는다.

1단계 주제 선정

주제는 작가가 전하고자 하는 바를 담아내는 출발점이다. 보드게임의 뼈대이자 나침반 역할을 하며, 주제가 없으면 테마와 내용이 흩어져 전달력과 몰입감이 떨어진다. 앞서 언급한 맷 리콕의 사례처럼 주제는 단순히 재미를 넘어 의미와 메시지를 전달하는 수단이 되기도 한다. 대부분의 작가는 뚜렷한 이유를 갖고 게임을 만든다. 단순히 시간을 때우기 위한 목적으로만 만드는 경우는 드물다. 게임 안에는 저마다의 의도와 동기가 담겨 있다. 그래서 플레이어가 보드게임을 집어 들었을 때, "이 게임은 이런 이야기를 전하려는구나"라는 기대를 하게 되며, 주제는 그 기대를 명확히 해준다. 물론 어떤 경우에는 주제보다 메커니즘이나 시스템이 먼저 설계되기도 한다. 이때 메커니즘 자체가 곧 작가가 전하고자 하는 아이디어이자 주제가 된다. 새로운 메커니즘을 통해 작가는 자신만의 창의성을 드러낼 수 있다.

내가 보드게임의 주제를 정할 때 사용했던 아이디어 추론 방식은 다음과 같았다. 가장 먼저 떠올린 것은 우리나라 역사였고, 그중 특히 일제 강점기에 주목했다. 이 시기를 생각하면 자연스럽게 독립운동가들이 떠올랐기에 주제를 독립운동가들의 활동으로 좁히며 게임의 핵심을 구성하기 시작했다. 그리고 독립운동가들이 목숨을 걸고 나라의 독립을 위해 싸우던 사건을 게임의 극적인 동기로 삼았다. 그렇게 보드게임의 중심 주제를 '독립운동을 실행하는 과정'으로 설정하게 되었고, 여기서 첫 번째 가이드 라인이 마련되었다. 주제가 정해지자 곧바로 필요한 요소들이 떠올랐다. 독립운동을 하려면 무엇이 필요했을까? 자금은 어떻게 마련했을까? 정보를 주고받는 방법은 무엇이었을까? 동료들은 어떻게 규합했을까? 이런 질문을 하나하나 던지면서 게임 안에 자연스럽게 들어갈 요소들을 정리할 수 있었다. 여기에 구성물을 통한 핵심이 되는 독창적 요소나 메커니즘을 하나씩 더해 가며 구체적이고 탄탄한 구조를 쌓아 올리는 과정, 그것이 나의 보드게임 제작 첫걸음이었다.

2단계 장르 선정

영화나 드라마에서 장르는 주로 스토리와 분위기를 구분하는 기준으로 사용된다. 보드게임에서 장르는 게임의 테마나 메커니즘을 규정하기 위해 주로 사용된다. 그렇다면 보드게임을 기획하는 데 있어 장르를 왜 정해야 할까? 장르는 보드게임을 분별하고 선택하는 데 있어 중요한 역할을 한다. 따라서 좋아하는 장르가 무엇인지 알고 있으면 실패 없이 게임을 선택할 수 있다.

장르가 명확하면 그 게임이 어떤 스타일인지 어떤 분위기를 갖게 되는지 한눈에 알 수 있다. 예를 들어 전략 장르라면 플레이어는 깊이 있는 고민과 치밀한 계획을 세워야 한다는 걸 쉽게 떠올릴 수 있다. 반대로 파티 장르라면 가볍고 유쾌한 분위기 속에서 함께 웃고 즐기는 장면이 그려진다.

그렇다면 보드게임에는 어떤 장르가 있을까? 일반적으로 생각하는 장르는 영화나 문학에서 떠올리는 드라마, 코미디, 공포, 판타지 같은 감정을 중심으로 구분한 방식이다. 하지만 보드게임의 세계에서는 조금 다르게 접근한다.

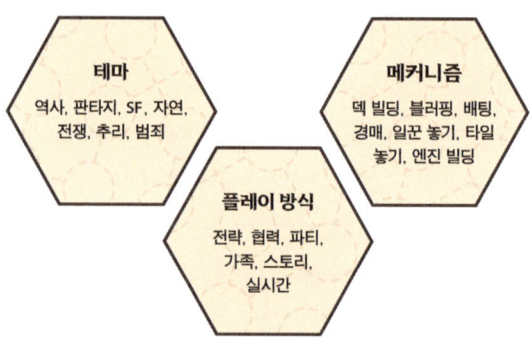

테마
역사, 판타지, SF, 자연,
전쟁, 추리, 범죄

메커니즘
덱 빌딩, 블러핑, 배팅,
경매, 일꾼 놓기, 타일
놓기, 엔진 빌딩

플레이 방식
전략, 협력, 파티,
가족, 스토리,
실시간

보드게임에서 장르는 크게 테마, 플레이 방식, 메커니즘이라는 세 가지로 나뉜다. 테마적 장르나 플레이 방식에 따른 장르는 상대적으로 이해하기 쉽다. 하지만 메커니즘 중심의 장르는 다소 생소하게 느껴질 수도 있다. 이 부분은 'TIP 지금 바로 개발에 적용 가능한 보드게임 메커니즘 50선'에서 자세히 다뤘으니 참고하기를 바란다.

장르는 앞서 정한 주제를 기준으로 그에 가장 잘 어울리는 방식을 찾아가며 정한다. 예를 들어 앞에서 말한 독립운동이라는 주제를 가지고 장르를 정한다고 가정 해보자. 당시 실제 독립운동가들은 총, 칼, 폭탄 같은 무기와 다양한 물자를 확보하려고 했다. 이런 요소를 보드게임에 적용한다면 무언가를 모으고 준비해 목표를 달성하는 형태의 게임이 잘 어울릴 것이다. 또 당시 몇몇의 독립운동이 실패했던 이유 가운데 하나인 밀정이라는 존재를 활용할 수 있다. 이 요소는 마피아 장르를 사용하면 효과적일 것이다. 마피아 장르는 일부 플레이어가 정체를 숨기고 공동의 임무를 방해하는 방식으로 협력과 배신이 함께 어우러지는 구조다. 이처럼 주제를 토대로 핵심 요소를 뽑아내고 그것과 잘 맞는 장르를 선택하면 된다.
또한 보드게임은 보통 하나의 장르만으로 구성되지 않

는다. 역사 테마 장르를 바탕으로 하면서 마피아 메커니즘 장르가 섞인 게임이 될 수도 있다. 이처럼 하나의 게임 안에 세 가지 이상의 장르가 섞이는 경우도 많다. 하지만 아무리 많은 장르를 사용했다고 해도 보드게임의 모든 요소를 설명하기는 어렵다. 다만 장르를 통해 게임을 지탱하는 주요 진행 방식을 알려줄 수 있기 때문에 플레이어들의 결정을 돕는 중요한 기준이 된다. 이런 부분 때문에 기획 초기에 고민하고 결정해야 하는 요소다.

3단계 기본 정보

사람들이 직장을 구할 때 제출하는 이력서와 자기소개서는 나를 소개하는 가장 기본적인 자료다. 종이 몇 장으로 한 사람의 일생을 다 설명할 수는 없지만 처음 보는 사람에게는 그 사람을 이해할 수 있는 중요한 실마리가 된다. 보드게임도 마찬가지다. 게임 박스에는 게임을 사기 전에 게임을 추측할 수 있는 기본 정보가 적혀있다. 기본 정보는 보통 연령, 인원, 시간 세 가지로 구성된다. 기본 정보는 다음과 같은 방식으로 정리할 수 있다.

연령은 말 그대로 누가 플레이할지를 설정하는 것이다. 연령은 게임의 난이도, 구성물, 언어 수준 등을 결정짓는

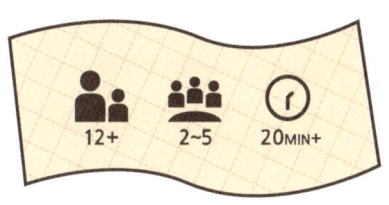

역할을 한다. 아이들이 즐길 수 있는 단순한 카드 게임인지, 복잡한 전략과 계산이 필요한 성인용 게임인지, 플레이어가 게임 박스를 열지 않고도 정보를 알 수 있게 한다.

인원은 게임을 할 수 있는 최대 사람 수를 말한다. 장르나 작가의 의도에 따라 적절한 인원을 설정하면 된다. 가장 일반적인 구성은 2~4인이지만 최근에는 1인용 게임도 많고, 수십 명이 함께 즐길 수 있는 파티 게임도 존재한다. 인원은 게임의 규모나 구성물, 난이도에 직접적인 영향을 주기 때문에 미리 정해두어야 이후 과정에서 생길 수 있는 혼선을 방지할 수 있다.

시간은 게임 한 판을 진행하는 데 걸리는 시간을 의미한다. 박스에는 평균 시간을 표기하기 때문에 플레이어 구성이나 상황에 따라 달라질 수 있다. 여기서 중요한 점은 게임을 다 만든 후에 시간을 재서 적는 것이 아니라 처음 기획 단계에서 시간의 목표를 정하는 것이다. 그렇지 않으면 끝도 없이 길어지는 게임이 될 수 있다. 30분짜리 게임을 만들겠다고 정했다면 그 시간 안에 끝날 수 있는 구성과 흐름을 구상해야 한다. 이 세 가지 기준을 정했다면 테스트를 거치며 이 정보가 현실적인지를 확인하고 필요에 따라 조정하면 된다.

4단계 구성물

만약 우리가 건축가라면 설계도 이후에 가장 중요하게 고민할 것은 무엇일까? 아마도 사용할 자재 종류일 것이다. 가장 흔한 벽돌을 쓸지, 현대적인 유리를 활용할지, 전통적인 목재를 고를지, 아니면 재활용 철강을 선택할지. 자재 선택은 건축물의 용도와 성격 그리고 건축가가 추구하는 스타일에 따라 달라진다. 어떤 자재를 택하든 자유지만 그 선택에 따라 건축물의 모습과 분위기는 완전히 달라진다. 보드게임도 마찬가지다. 작가가 어떤 구성물을 사용하느냐에 따라 게임의 인상과 몰입도가 크게 달라질 수 있다.

보드게임에서 가장 많이 쓰이는 구성물로는 카드, 보드판, 게임 말, 주사위, 토큰, 큐브가 있다. 이외에도 모래시계, 주머니, 종이, 펜 등 다양한 도구들을 활용할 수 있다. 구성물은 게임을 진행하기 위해 필요한 최소한의 도구로 구성하는 것이 가장 효율적이다. 가능한 구성물 각각을 하나로 통합하고 단순화하면 제작비 절감은 물론 게임의 직관성도 높일 수 있다. 게임 방법이나 기획을 정돈해서 각 종류와 쓰임이 다른 다섯 가지의 토큰을 한 가지로 줄인다면 더 명료한 게임을 만들 수 있다. 어떤 도구를 선택해야 할지 고민이 될 때는 플레이어의 입장에서 생각해 보는 것도 좋다. 과연 어떤 구성물이어야 이 게임을 하고 싶어질까? 보드게임 제작 시 자주 쓰이는 구성물에 대해 알아보자.

카드

보드게임에서 가장 많이 쓰이는 구성물이다. 주로 종이로 만들며 손에 들기 쉬운 크기로 만든다. 카드는 다양한 정보와 일러스트를 담을 수 있어 디자인적으로 자유도가 높다. 또한 섞기도 쉬워 반복 진행 시에도 랜덤성을 유지하기 적합하다.

토큰과 큐브

토큰은 주로 두꺼운 종이를 원형, 사각형, 육각형 등 다양한 모양으로 제작하여 아이콘 이미지나 기호를 그려 넣어 여러 가지 의미를 담을 수 있다. 큐브는 토큰의 한 종류라고 할 수 있지만 주로 목재나 플라스틱 소재를 활용하여 단일 기능으로 활용한다. 예쁜 모양이나 입체감을 주고 싶

을 때 사용한다. 둘 다 게임 내에서 무언가를 수집하거나
소비하는 요소를 시각적으로 나타낼 때 적합하다.

게임 말

각 플레이어를 상징하는 구성물이라고 보면 이해하기 쉽
다. 게임의 진행 상황이나 점수를 나타내거나 일꾼으로서
의 역할 등 다양한 목적으로 사용된다. 많은 게임이 각 플레
이어에게 여러 개의 게임 말을 주고 행동 단위로 활용한다.

주사위

보드게임 역사상 가장 오래되고 혁신적인 도구 중 하나
다. 무작위성과 공정성을 함께 주는 구성물이다. 정육면체
주사위는 확률이 공정하게 분배되어 있어 게임 진행이나
이벤트 발생에 자주 사용된다. 여전히 가장 인기 있는 구성
물 중 하나다.

보드 판

주로 토큰처럼 두꺼운 종이로 제작된다. 메인 보드 판은
플레이어들이 함께 바라보는 공용 공간이자 게임의 중심
무대이며 구성물들을 위에 놓기도 한다. 게임에 따라 플레
이어 각각이 사용하는 개인 보드 판이 있을 때도 있다. 게

임의 흐름을 한눈에 파악하기 용이하며 게임의 분위기와
테마를 직관적으로 전달하는 데 효과적이다.

그 외 구성물

종이, 천, 고무 등 다양한 소재를 활용해 새로운 구성물
을 직접 만들어볼 수도 있다. 예를 들어 여러 장의 두꺼운
종이를 연결해 듀얼 레이어* 나 다이얼을 만들 수도 있다.
천으로 만든 게임 판은 고정되어 있는 크기가 아니어서 내
구성과 휴대성을 동시에 잡을 수 있다. 딱딱한 큐브 대신
말랑한 질감이 필요한 경우에는 고무나 실리콘도 활용된
다. 기존에 없는 새로운 형태의 구성물을 고안하는 것도
작가의 창의력이 발휘되는 부분이다.

이처럼 구성물은 게임의 기능성과 테마 전달을 위한 핵
심 요소다. 자신이 개발하는 게임에 어떤 구성물이 적합한
지 판단하려면, 플레이어의 시선에서 그것이 새롭고 즐거
운 경험을 줄 수 있는지를 상상해 보는 것이 좋다. 나아가
구성물을 얼마나 효율적으로 선택하느냐가 보드게임 제작
의 완성도를 좌우한다.

● 보드나 개인 판을 두 겹으로 겹쳐 제작하는 방식으로 윗부분에 홈(파인 부분)을
  만들어 토큰이나 큐브를 움직이지 않고 고정되도록 설계한 보드

5단계 세부 사항 및 규칙서 작성

보드게임 기획의 마지막 단계다. 앞선 과정이 숲을 만드는 작업이었다면 이제는 그 안에 나무와 꽃을 심는 일에 비유할 수 있다. 즉, 게임의 구체적인 규칙과 흐름을 설계하는 단계다. 이 세부 사항이야말로 보드게임의 실체이자, 플레이어가 실제로 마주하는 규칙서다. 대부분의 보드게임 규칙서는 공통된 구조를 따르며 크게 배경, 종료, 방법, 준비 네 가지로 나눌 수 있다. 이 네 가지 요소가 보드게임 규칙서의 표준 구성을 이룬다. 이제 순서대로 살펴보자.

배경

게임의 첫인상으로 어떤 세계관에서 펼쳐지는지를 설명하는 부분이다. 시대, 장소, 등장인물, 상황 등 게임의 분위기를 설정한다. 예를 들어 '중세 시대 왕국의 기사', '인류의 멸망을 막기 위한 과학자'와 같은 배경과 역할을 제시해 플레이어가 흥미를 갖고 쉽게 몰입할 수 있도록 돕는다. 따라서 때론 규칙보다 더 중요한 역할을 하기도 한다.

종료

언제, 어떤 조건에서 게임이 끝나는지를 설명한다. 보통 게임 규칙서에는 배경, 준비, 방법, 종료 순으로 적혀있다.

하지만 게임을 설계할 때는 종료, 방법, 준비, 배경 순서로 진행해야 한다. 게임의 종료 시점을 먼저 확정해야 그에 맞는 게임의 진행 방식을 구상할 수 있고, 진행 방식이 정해져야 비로소 필요한 세부 요소와 준비 과정을 설계할 수 있다. 쉽게 말해 설계 순서는 종료, 방법, 배경으로 규칙서의 역순이다. 그렇다면 먼저 게임 종료 방식에는 어떤 것들이 있는지 대체로 많이 사용되는 유형들을 알아보자.

점수 종료 일정 점수를 먼저 달성한 플레이어가 나오면 게임이 종료된다.

시간 종료 정해진 시간이 지나면 게임이 종료된다.

라운드 종료 사전에 정해진 라운드 수가 끝나면 게임이 종료된다.

리소스 종료 특정 자원(카드, 토큰 등)이 모두 소진되면 게임이 종료된다.

탈락 종료 플레이어가 한 명씩 탈락하고 최후의 1인이 남았을 때 게임이 종료된다.

이벤트 종료 특정 이벤트 발생 시 게임이 종료된다.

이 외에도 특성, 테마에 따라 종료 방법을 다양하게 설정할 수 있다. 예를 들어 A조건 또는 B조건이 충족되면 종료 혹은 A와 B를 모두 달성해야 종료와 같은 형태도 가능하다.

방법

방법은 규칙서의 핵심으로 이전 단계에서 설정한 주제, 장르, 구성물, 종료 조건 등을 바탕으로 구체적인 플레이 방식을 설계하는 과정이다. 플레이어가 가장 집중해서 읽게 되는 부분이기도 하다. 다른 요소들과 마찬가지로 게임 방법에는 정해진 틀이 없다. 만들고 싶은 방식대로 자유롭게 구성할 수 있다. 다만 대표적으로 세 가지 구조가 있으며 이를 활용하면 좀 더 체계적이고 면밀한 구성이 가능하다.

연계 기반

규칙이 서로 영향을 주고받으며 유기적으로 연결된 구조다. 일명 거미줄 구조라고도 한다.

돈 〉 자원 〉 건물 〉 승점 〉 돈. 이처럼 A행동이 B에 영향을 주고, B가 다시 A에 영향을 주는 순환 구조를 갖는 게임은 전략적으로 깊이가 있다. 복잡할수록 고민할 요소가 많아지기 때문에 전략적 플레이를 선호하는 유저들이 선호한다.

운 기반

주사위, 카드 뽑기 등 우연성을 기반으로 게임을 진행하는 방식이다. 전략보다는 직관과 행운에 의존하게 된다. 진입 장벽이 낮고 초보자나 가족용 게임에 적합하다. 불확실성이 몰입을 유도한다.

스토리 기반

레거시 게임이나 TRPG처럼[*] 이야기 흐름에 따라 진행되는 규칙이다. 카드나 **텍스트**를 읽으며 스토리를 따라가는 방식이 일반적이다. 몰입감이 뛰어난 대신 리플레이성이 떨어질 수도 있다.

준비

준비 단계는 게임 진행 전에 구성물을 어떻게 배치하고 무엇을 세팅해야 하는지를 안내하는 부분이다. 보통 보드의 위치, 카드 더미 구성, 자원이나 토큰의 배치, 각 플레이어가 받을 기본 구성물 배치 방법 등이 포함된다. 이 단계는 텍스트 설명보다 이미지나 다이어그램으로 제시하는 편이 훨씬 직관적이고 효과적이다. 이상적인 규칙서는 플레이어가 글을 일일이 읽지 않고 그림만 보고도 세팅을 마칠 수 있도록 구성되어야 한다.

이처럼 보드게임을 기획하는 과정을 다섯 단계로 나누어 살펴보았다. 위 내용을 따라 기획서를 작성했다면 기본적인 보드게임 규칙서는 이미 완성된 셈이다. 이후에는 테스트를 거치며 미비한 점을 보완하고, 밸런스를 위해 수치를 다듬으며, 게임 감각을 조율해 나가야 한다. 처음에는

● 테이블탑 롤플레잉 게임(Tabletop Role-Playing Game)으로 플레이어가 각자 캐릭터를 맡아 역할을 연기하면서 스토리에 따라 이야기 속에서 상호 작용하는 게임을 말한다.

어렵게 느껴질 수 있다. 그러나 중요한 것은 시작하고 하나씩 따라가 보는 것이다. 그렇게 쓰다 보면 어느새 자신만의 게임이 전체적인 형태를 갖추게 된다.

처음부터 완벽할 필요는 없다. 핵심은 시작하는 것 자체다. 언젠가 당신이 만든 규칙이 다른 작가들에게 영향을 주고, 새로운 표준으로 자리 잡아 당신을 그 규칙의 '아버지' 혹은 '어머니'로 기억하게 될지도 모른다. 이 책을 읽는 보드게임 작가들이 단순히 기존 규칙을 활용하는 데 그치지 않고 새로운 규칙을 만들어 이름을 널리 알리기를 바란다. 마지막으로 앞서 언급했던 내가 실제로 활용하는 설계 방법인 '보드게임 개발 기획서' 가이드를 공유한다.

보드게임 개발 기획서

제목	
형식	
주제	

기본 사항

연령	인원	시간

구성물	보드 판		토큰	
	카드		튜브	
	주사위			
	게임 말			

보드게임 기획 내용

배경	
준비	
방법	
종료	

지금 바로 개발에 적용 가능한 보드게임 메커니즘 50선

메커니즘은 보드게임에서 플레이어가 게임을 진행하기 위해 따르는 규칙과 구조를 말한다. 쉽게 말해 게임이 진행되는 방식이라고 보면 된다. 일반적으로 메커니즘은 메인 메커니즘과 서브 메커니즘으로 나눌 수 있다. 게임 속에서 가장 특징적이고 핵심적으로 작용하는 것이 메인 메커니즘이며, 이를 중심으로 다양한 서브 메커니즘을 결합해 하나의 게임을 완성한다. 따라서 먼저 원하는 핵심 메커니즘을 정하고 여기에 적절한 서브 메커니즘을 더해 규칙을 만들어 가는 방식이 개발 과정에 큰 도움이 된다. 이해를 돕기 위해 아래에 보드게임 설계에서 자주 사용되는 대표적인 메커니즘 50가지를 정리해 소개했다.

1. 카드 드래프팅 Card Drafting

방법 플레이어가 선택할 수 있는 카드 또는 자원 중에서 한 장을 선택한다. 나머지를 다음 플레이어에게 넘긴다. 이를 반복하며 정해진 수에 도달하면 드래프팅을 마친다.
특징 선택의 전략성을 부여하고 랜덤의 불공정함을 줄인다. 게임 내에서 중요한 자원을 누가 선택하느냐에 따라 게임이 달라진다.

2. 세트 수집 Set Collection

방법 특정 아이템이나 카드를 모아 점수를 얻는 방식이다. 같은 색, 같은 숫자, 일정한 규칙 등을 정해 놓고 규칙에 맞게 카드를 조합해 점수를 얻는다.
특징 카드나 타일의 조합에 따라 점수가 달라지기 때문에 모으는 전략이 중요하다.

3. 덱 빌딩 Deck Building

방법 게임을 진행하며 자신의 카드 더미를 강화해 가는 방식이다.

카드를 사용해 자원을 얻고 자원을 소비해 카드를 구매한다. 이런 식으로 원하는 카드를 수집한다. **특징** 강력한 카드를 추가하며 전략을 세우는 것이 특징이다. 불필요한 카드는 제거하면서 나만의 카드 덱을 만드는 것이 게임의 재미다.

4. 에어리어 컨트롤 Area Control
방법 영향력 메커니즘이라고도 한다. 특정 구역을 장악해 점수를 얻거나 우위를 확보하는 방식이다. 한 지역에 가장 많은 게임 말이나 토큰을 올려놓은 플레이어가 그 지역을 가져 이익을 얻는 방식이다. **특징** 구역을 얼마나 잘 통제하느냐가 게임의 승패에 영향을 준다. 플레이어 간의 눈치싸움이 치열하다. 나의 토큰을 적게 소비하여 지역을 확보하는 것이 중요하다.

5. 자연적 랜덤성 Natural Randomness
방법 주사위 굴림, 카드 뽑기, 토큰 뽑기 등과 같은 무작위 요소를 통해 게임의 결과나 상황에 변화를 주는 방식이다. 게임을 새롭게 만들고 매번 다른 경험을 제공하여 높은 리플레이성을 준다. 다만 지나치게 운에 의존할 경우 플레이어의

실력보다는 무작위 결과가 승패를 결정할 수 있기에 균형이 중요하다. **특징** 많은 게임에 적용할 수 있다. 예측 불가능한 요소로 인해 전략을 즉각 조정하고 다양한 가능성을 고려할 수 있다. 특히 가족 게임, 파티 게임, 어린이 게임 등에서 많이 사용된다. 게임의 접근성을 높이고 스릴을 더할 수 있다.

6. 전략적 움직임 Tactical Movement
방법 말이나 캐릭터를 전략적으로 이동시키며 특정 목표를 달성하거나 상대를 방해하는 방식이다. 이동 시 카드를 사용하거나 주사위를 굴려 이동 수를 정한다. 자신의 차례에 진행하며 가장 보편적인 방법이기도 하다. 체스나 장기에 사용되는 메커니즘이다. **특징** 전략적 사고를 하기에 적합하다. 상대 플레이어가 생각을 오래 하면 지루해지는 특징이 있다. 이를 방지하기 위해 모래시계나 타이머로 시간을 제한한다.

7. 블러핑 Bluffing
방법 상대방을 속이는 요소를 포함하여 자신의 의도를 숨기거나 오해하게 만들어 이익을 얻는 방식이다.

특징 블러핑의 가장 큰 특징은 거짓말이다. 블러핑 게임은 거짓말이 허용된다. 여러 플레이어가 해야 재미가 있다. 말을 많이 하는 방법이기 때문에 어느 플레이어와 하느냐에 따라 차이가 있다.

8. 푸쉬 유어 럭 Push Your Luck

방법 주사위를 굴리거나 카드를 공개하는 등 행동을 반복한다. 매 행동 후 지금 멈출지, 한 번 더 시도할지 선택한다. 멈추면 현재까지의 이익을 확보하고 턴을 마치게 된다. 다만, 계속했을 때의 더 큰 보상을 얻을 수 없다. 하지만 실패 시 모든 것을 잃는다.
특징 위험과 보상의 균형으로 심리적 긴장감이 있다. 확률과 심리 중심으로 운과 판단이 동시에 작용한다는 점에서 스스로 결정하는 재미가 있다.

9. 협력 Cooperative Play

방법 모든 플레이어가 협력하여 공통의 목표를 달성하는 방식이다. 보통 인공지능이 상대편 역할을 한다. 서로의 역할을 잘 분담하는 것이 중요하다.
특징 협력은 플레이어 간의 대화가 중요하다. 이 때문에 리드하는

플레이어가 있고 따라가는 플레이어가 생길 수 있다. 너무 어느 플레이어에게만 치중되면 다른 플레이어는 소외되고 흥미가 떨어질 수 있다.

10. 네트워크 / 경로 구성
Network / Route Building

방법 지도에서 연결망을 형성해 자원을 확보하거나 점수를 얻는 방식이다. 게임 말을 보드 판 위에 올려 연결하면서 확장한다. 도로를 연결하기도 하고 열차를 연결하기도 한다.
특징 많이 연결할수록 점수가 커진다. 개수에 따라 점수를 매긴다. 예를 들어 1개는 1점, 2개는 2점, 3개는 4점, 4개는 6점 등으로 정할 수 있다.

11. 경매 및 입찰 Auction / Bidding

방법 자원이나 순서를 얻기 위해 플레이어들이 경쟁적으로 입찰하는 방식이다. 랜덤성의 카드나 자원이 입찰될 수도 있고 플레이어가 직접 자신의 카드나 자원을 입찰할 수도 있다. 플레이어끼리 할 경우 원하는 금액을 제시한다.
특징 가격 설정과 자원의 가치 평가가 게임 전략의 핵심이 된다. 입찰 후 경매 방식을 다양하게

구성할 수 있다.

12. 동시 액션 선택
Simultaneous Action Selection

방법 모든 플레이어가 동시에 액션을 선택하고 각자의 행동이 동시에 진행된다. 액션을 선택할 때는 플레이어가 마음속으로 선택 후 동시에 오픈할 수 있다. 다른 방식으로는 카드를 선택 후 뒷면으로 놓고 동시에 오픈한다.

특징 예측과 전략이 중요한 메커니즘이다. 순서에 따라 발생하는 불리함을 줄여준다.

13. 포인트 샐러드 *Point Salad*

방법 다양한 방식으로 점수를 얻을 수 있는 메커니즘으로 각자의 전략에 따라 점수를 극대화할 수 있다. 점수를 얻는 방법이 나와 있는 카드가 따로 있다.

특징 점수를 얻을 수 있는 방법이 카드마다 다르다. 점수를 얻기 위해 몇 가지 규칙에 적용되는 방법이 카드에 적혀있다. 리플레이할 때 점수 카드를 바꿔 사용하기 때문에 유용하다.

14. 스토리텔링 *Storytelling*

방법 이야기나 서사를 바탕으로 게임이 진행된다. 플레이어가 캐릭터의 역할을 연기하거나 상황에 맞는 이야기를 만들어 가며 진행한다.

특징 다양한 스토리로 흥미를 이끌 수 있다. 누구와 하느냐에 따라 매번 달라지기 때문에 리플레이성이 좋다.

15. 플레이어 제거 *Player Elimination*

방법 게임이 진행되며 플레이어가 탈락할 수 있는 메커니즘이다. 마지막까지 살아남는 플레이어가 승리하게 된다.

특징 블러핑과 함께 사용되는 경우가 많다. 탈락한 플레이어는 참여할 수 없어 집중도가 떨어질 수 있다.

16. 실시간 진행 *Real-Time*

방법 제한된 시간 안에 게임이 진행된다. 모든 플레이어가 빠르게 결정을 내리며 플레이하는 방식이다.

특징 제한 시간이라는 특징이 있어 긴박감을 준다. 긴박감으로 인한 흥미를 돋울 수 있다.

17. 목표 완료 *Task Completion*

방법 주어진 과제를 완료하여 점수를 얻거나 게임에서 승리할 수 있다. 누가 먼저 임무를 수행하느냐에 따라 점수가 달라지며 상대와 경쟁하게 된다.
특징 주요 메커니즘 보다는 서브 메커니즘으로 사용한다. 점수로 승리를 좌우하는 게임에서 주로 사용된다.

18. 역할 수행 Role-Playing

방법 특정 역할을 맡아 그 역할에 맞는 행동을 한다. 주어진 목표를 달성해야 하는 방식이다.
특징 TRPG 게임에 주로 사용된다. 각자 캐릭터에 해당하는 역할과 능력이 있다. 협력 게임에 많이 활용되는 메커니즘이다.

19. 비밀 정보 Hidden Information

방법 일부 정보가 비밀로 유지되며 이 정보가 중요한 역할을 한다. 각 카드에서 얻을 수 있는 정보가 다르다. 정보를 얼마나 얻느냐에 따라 승패가 갈린다. 상대방의 정보를 볼 수 있는 행동을 넣으면 정보 수집이 수월하다.
특징 상대방의 카드나 정보 등을 유추하는 재미가 있는 메커니즘이다. 추리 장르에서 많이 사용된다.

20. 블라인드 선택 Blind Bidding

방법 플레이어들이 자신의 배팅을

숨긴 채 선택한다. 공개된 이후에 행동이 결정되는 방식이다. 재화를 배팅해서 원하는 자원이나 카드를 얻는다.
특징 배팅의 결과에 따라 게임의 판도가 바뀐다. 적은 양으로 배팅하고 큰 이익을 보는 것이 가장 좋다.

21. 자원 관리 Resource Management

방법 주사위나 행동을 통해 자원을 가져온다. 자신의 자원을 통해 고급 자원을 가져올 수도 있고 점수를 얻는 카드 등을 얻을 수 있다.
특징 게임 내에서 다양한 자원을 효율적으로 관리하며 사용하는 것이 중요하다. 제한된 자원을 최적으로 사용해야 한다.

22. 모듈식 보드 Modular Board

방법 게임 보드가 여러 조각으로 구성되어 매번 다른 형태로 변경된다. 여러 개의 카드나 타일을 합쳐 보드를 구성한다. 주로 지도를 구성한다.
특징 게임의 리플레이성을 높이는 메커니즘이다. 게임의 기본 규칙이 단순할 때 사용하면 좋다.

23. 엔진 빌딩 Engine Building

방법 작은 엔진 기어에 하나씩

붙여서 큰 엔진을 만드는
메커니즘이다. 게임에서 자신의
자산이나 기능을 계속 성장시키며
점점 더 강력한 효과를 발휘하도록
만드는 방식이다.
특징 초반에 구축한 자원이 후반에
강력한 영향을 미치게 된다. 초반에
얻을 수 있는 자산이나 기능을
후반부로 가면서 발전시키는 것이
좋다.

24. 시세 조정 Market Manipulation

방법 플레이어의 행동에 따라 시장
가격이 변한다. 그에 맞춰 전략을
조정해야 하는 방식이다. 예를 들어
한 플레이어가 물품을 구매하면
물품의 희소가치가 높아져 금액이
높아진다. 반대로 물품이 많아지면
희소가치가 낮아져 금액이
하락한다.
특징 시장 가격이 가장 쌀 때
구매하고 가장 비쌀 때 파는 것이
좋다. 시장 경제 게임에서 많이
사용된다.

25. 시간 추적 Time Track

방법 게임 내의 시간이
흐르는 방식과 이를 추적하는
메커니즘이다. 제한된 시간 동안
자원을 모으거나 목표를 달성한다.
시간 진행선은 보드 판에 표시된

칸이나 확인을 통해 각 플레이어의
진행도나 남은 차례를 시각화한다.
특징 시간 사용 계획이 중요하다.
플레이어는 각 행동의 시간적
비용을 계산하여 최적의 선택을
해야 하므로 전략적 깊이가
높아진다.

26. 거래 및 협상 Trading / Negotiation

방법 플레이어 간 자원이나 정보를
거래하며 협상하는 메커니즘이다.
각자의 목표 달성을 위해 게임 내의
자원을 효과적으로 활용한다.
특징 자원의 제한으로 인해
상대방과 협력해야 한다. 플레이어
간의 신뢰와 배신, 설득이 중요한
역할을 한다.

27. 전투 및 정복 Combat

방법 상대방을 공격하여 점수를
얻거나 자원을 차지하는 방식이다.
군사 테마나 전쟁 테마에서 많이
사용된다. 주사위나 카드 뽑기를
통해 결과가 결정되기도 한다.
플레이어의 병력, 자원, 위치에
따라 전투 점수를 따져 승부를
가리기도 한다.
특징 상대방의 군대나 자원을
약화시키고 자신의 이익을
극대화하기 위해 전략적 전투를
펼쳐야 한다.

28. 정책 수립 Policy Formation

방법 게임의 규칙이나 조건, 상황을 바꾸는 정책을 수립하고 이에 따라 게임 진행 방식이 달라지도록 만드는 메커니즘이다. 다양한 법안이나 규칙을 설정한다. 이를 통해 자원 분배, 경제, 전투 방식 등 게임의 여러 요소를 변화 시킨다.

특징 정책을 어떻게 수립하고 실행하느냐에 따라 개인이나 팀의 이익이 크게 달라질 수 있다.

29. 행동 순서 큐 Action Queue

방법 여러 행동을 미리 계획하고 이를 순서대로 실행하여 게임을 진행하는 방식이다. 각 플레이어가 자신의 행동을 사전에 정해진 순서에 따라 배열한다. 모두 배열이 끝나면 그 순서대로 행동을 처리한다.

특징 전략적 예측과 계획이 핵심이다. 동시에 행동이 실행되기까지 다른 플레이어의 행동이나 외부 요인으로 인해 예측하지 못한 상황 변화가 발생할 수 있다. 행동 순서 큐 메커니즘은 한 번 정해진 행동을 변경할 수 없는 경우가 많다. 각 행동이 특정 시간 순서로 진행되므로 계획의 타이밍과 상대방의 반응을 예측하는 능력이 게임의 승패를 결정짓는다.

30. 비밀 목표 Hidden Objectives

방법 각 플레이어가 다른 사람들에게 공개되지 않은 개인적인 목표나 임무를 가지고 게임을 진행하는 방식이다. 임무 성공 여부가 게임의 승패를 나누기 때문에 각 플레이어는 자신의 목표를 감추면서도 이를 이루기 위해 전략적으로 행동해야 한다.

특징 모든 플레이어에게 동일한 목표를 부여하는 대신 승리 조건이나 점수 획득 방법이 달라 게임의 다양성을 높인다. 상대의 의도를 예측하기 어려워 심리적인 요소와 추리의 요소가 함께한다.

31. 캐릭터 성장 Character Progression

방법 게임 속에서 플레이어의 캐릭터가 점차 강해지고 다양한 능력을 획득해 나가는 방식이다. 경험을 쌓거나 특정 조건을 충족하여 캐릭터의 능력치를 향상시킨다. 이를 통해 기술을 업그레이드하거나 새로운 능력을 추가할 수 있다.

특징 롤플레잉 게임에서 많이 사용된다. 각 단계의 성장이 다음 단계의 도전으로 자연스럽게 이어지며 성장의 성과가 눈에 보인다. 플레이어가 몰입하면 캐릭터를 자신과 동일시 할 수 있다.

32. 기억력 Memory

방법 이전에 공개된 정보나 숨겨진 정보를 기억하며 게임을 진행하는 방식이다. 플레이어의 기억력과 주의력이 중요하다. 게임 내에서 한 번 공개된 정보가 다시 감춰지거나 한정된 시간 동안만 공개된다. 정보를 얼마나 잘 기억하고 사용하는지가 중요하다.

특징 기억력은 보통 카드 뒤집기, 숨겨진 물건 찾기, 특정 행동이나 이벤트의 위치를 기억해야 하는 게임에서 많이 활용된다. 게임이 진행될수록 플레이어가 기억해야 할 정보가 늘어나며 이를 잘 활용하는 능력이 승패에 큰 영향을 미친다.

33. 직접 공격 Direct Attack

방법 게임 내에서 다른 플레이어나 적에게 직접적으로 피해를 입히거나 방해하는 행동을 하는 방식이다. 상대방의 자원이나 체력을 줄이거나 계획을 방해하는 등 공격적인 전략이 중요하다. 이를 통해 상대를 약화시키거나 자신에게 유리한 환경을 조성하며 적극적인 공격과 방어를 통해 게임의 경쟁과 긴장감을 높인다.

특징 보통 자원 손실, 체력 감소, 특정 방어 능력 활용 등의 형태로

나타난다. 상호작용이 강한 게임에서 주로 사용된다. 공격적인 플레이가 중요한 역할을 하므로 플레이어는 방어 수단이나 회복 수단을 마련하여 생존 전략을 세워야 한다.

34. 클라이밍 Climbing

방법 플레이어는 앞선 플레이어보다 더 높은 값의 패를 내며 게임을 진행한다. 같은 족보, 숫자 합과 같은 일정한 규칙에 따라 더 강한 조합만을 낼 수 있으며, 기존보다 약한 카드는 낼 수 없다. 강한 카드를 적절히 아끼고, 약한 카드를 먼저 처리하는 전략이 중요하다.

특징 순서를 예측하고, 타이밍을 고려한 핸드 소모 전략이 중심이 된다. 손패를 먼저 없애는 것이 일반적인 승리 조건이며, 다인 게임에서 경쟁과 압박이 강하게 작용한다.

35. 트릭 테이킹 Trick-Taking

방법 모든 플레이어가 한 장씩 카드를 내서 가장 강한 카드를 낸 플레이어가 트릭을 가져간다. 기본적으로 선 플레이어가 고른 무늬를 따라야 하며, 가장 높은 숫자의 카드가 트릭을 획득하거나, 특정 무늬가 우선순위가 된다.

특징 카드의 분포 예측과 팀워크, 장기적인 전략이 중요하다. 한 라운드의 작은 승리 트릭 수집을 통해 점수를 얻는 구조이며, 종종 특정 카드나 트릭을 피하거나 의도적으로 지는 전략도 활용된다.

36. 일꾼 배치 Worker Placement

방법 플레이어는 일꾼을 특정 칸에 배치해 자원 수집, 건설, 행동 선택 등을 수행한다. 일반적으로 한 칸에는 한 명의 일꾼만 배치할 수 있어서 경쟁 요소가 존재하며, 순서와 타이밍이 핵심 포인트다.
특징 행동의 우선순위, 자원 최적화, 장기 전략이 중심이다. 플레이어가 어떤 행동을 얼마나 빨리 선택하느냐에 따라 게임 흐름이 크게 달라지며, 턴마다 다양한 선택지를 두고 고민해야 한다.

37. 투표 Voting

방법 플레이어가 특정 행동, 플레이어, 사건 등에 대해 찬반이나 선택을 투표하는 방식이다. 다수결이나 특정 조건에 따라 결과가 결정되며, 설득, 협상, 블러핑이 중요하게 작용한다.
특징 협력과 배신, 심리전이 두드러진다. 특히 사회적 추리나 정체성 게임에서 자주 사용되며,

플레이어의 발언과 이미지 조작이 전략에 포함된다.

38. 퍼즐 Puzzle Solving

방법 문제 해결, 공간 구성, 규칙 완성 등 논리적 사고와 계산을 기반으로 한 메커니즘이다. 주어진 조건 안에서 최적의 해답을 찾는 것이 중심이다. 협력 게임이나 혼자 즐기는 게임에서 자주 사용한다.
특징 직관보다는 논리와 전략이 강조된다. 때로는 정해진 시간이나 행동 횟수 내에 퍼즐을 풀어야 하며, 게임마다 다른 퍼즐 요소가 존재한다.

39. 추상 Abstract Strategy

방법 테마와 무작위성이 거의 없거나 전혀 없는, 순수 전략 중심의 게임 구조이다. 보통 대칭적인 시작 조건과 완전한 정보 속에서 진행된다.
특징 모든 정보가 공개된 상태에서 두뇌 싸움이 벌어진다. 테마보다 수 싸움, 위치 계산, 장기적 계획이 중요하다.

40. 롤 앤 라이트 Roll & Write

방법 주사위를 굴려 나온 결과를 각 플레이어가 자신의 종이에 적는다. 같은 결과를 공유하면서도, 각자

다른 전략으로 게임을 풀어나간다.
특징 짧고 간단한 진행과 높은
리플레이성을 가진다. 제한된
공간이나 규칙 안에서 최대한
점수를 뽑아내야 하며, 다양한
맵 구성과 규칙 변경으로 확장이
수월하다.

41. 카드 콤보 Card Combo
방법 특정 카드를 조합하여 강력한
효과를 발휘하는 방식이다. 콤보를
이루기 위해 카드의 순서와 조합을
신중히 선택해야 한다.
특징 카드 게임에서 자주 사용된다.
플레이어가 카드를 적절히
조합하여 효율적인 플레이를 하게
한다.

42. 제한된 소통
Limited Communication
방법 협력형 게임에서 정보를
제한적으로 공유하거나 특정한
방식으로만 소통할 수 있는
메커니즘이다. 의도적으로 정보
교환이나 협력의 범위를 좁히거나
통제를 가하는 시스템이다.
특징 주로 팀 기반 게임이나
사회적 추론 게임에서 사용된다.
플레이어가 정보를 제한된 범위
내에서만 공유할 수 있도록 한다.

43. 엔딩 조건 다양화
Multiple End Conditions
방법 게임의 끝나는 조건이 여러
가지로 설정되어 있다. 게임의
전개에 따라 다른 조건에 의해
종료된다.
특징 게임을 더 다채롭고 예측할
수 없게 만든다. 플레이어들이
게임을 진행하면서 각자의 전략을
달리 설정할 수 있다. TRPG나
머더미스터리에 많이 활용된다.

44. 비대칭 전략 Asymmetric Strategy
방법 플레이어마다 서로 다른 능력,
자원, 행동 방식, 또는 승리 조건을
가지고 게임을 진행한다. 일부는
아예 다른 게임을 하는 듯한 느낌을
줄 만큼 구조가 다르기도 하다.
특징 한 게임 안에 여러 개의 전략
게임이 공존하는 구조로, 역할별
이해도와 전략 숙련도가 중요하다.
높은 전략성과 리플레이성을
갖추고 있으며, 밸런스 설계가 핵심
과제다. 게임을 반복하며 다양한
역할을 플레이할 때 깊은 재미를
느낄 수 있다.

45. 추리 / 숨은 역할
Secret Role / Deduction
방법 각 플레이어에게 비밀
역할이나 정체가 부여된다.

플레이어들은 자신의 정체를 숨기면서 다른 플레이어들의 역할을 추리하고 행동을 통해 정보를 수집하거나 속인다.
특징 심리전과 대화가 중요하며, 플레이어 간 상호작용이 활발하다. 정체를 숨기고 밝혀내는 긴장감과 재미가 크다. 다양한 테마와 인원수에 유연하게 적용 가능하다.

46. 캠페인 / 전개형
Campaign / Legacy

방법 게임을 여러 차례 반복 플레이하며, 이전 게임의 결과가 다음 게임에 영향을 준다. 영구적인 변화나 성장 요소가 게임에 누적되면서 스토리가 전개된다.
특징 플레이어의 선택과 결과가 장기적으로 영향을 미쳐 몰입감이 높다. 지속적인 업데이트와 변화를 경험할 수 있으며, 한 번의 게임을 넘어선 깊은 재미를 제공한다.

47. 타일 놓기 Tile Placement

방법 플레이어가 자신의 차례에 타일을 선택하거나 배치하여 지도, 경로, 영역 등을 구성한다. 타일은 특정 조건에 따라 점수를 얻거나 자원을 생산한다.
특징 공간 구성과 전략적 배치가 핵심이며, 타일 조합에 따라 다양한

전략이 가능하다. 시각적 완성도와 즉각적인 피드백이 장점이다.

48. 액션 포인트 Action Points

방법 플레이어에게 일정 수의 행동 점수가 주어지고 행동마다 점수를 소모해 원하는 행동을 수행한다. 점수 내에서 행동 계획과 선택이 요구된다.
특징 제한된 행동량을 어떻게 효율적으로 사용할지 전략적 결정이 중요하다. 유연한 행동 조합과 계획성이 게임의 재미를 높인다.

49. 빙고 Bingo

방법 플레이어가 특정 조건을 달성하며 자신의 빙고 카드나 보드를 채워나간다. 가로, 세로, 대각선 등에서 연속된 조건을 만족하면 점수를 획득한다.
특징 단순하면서도 긴장감 있는 패턴 완성이 재미 요소이며, 운과 전략이 적절히 조합된다. 빠른 진행과 직관적 규칙이 장점이다.

50. 베팅 Betting

방법 플레이어가 결과에 대해 일정 자원을 걸거나 예측하며, 실제 결과에 따라 승패와 보상을 결정한다.

특징 위험과 보상의 균형, 심리전과 전략적 판단이 핵심이다. 게임의 긴장감을 높이고 플레이어 간 경쟁을 촉진한다.

보드게임 개발 기획서 다운로드

종이와 펜만 있다면 가능한 시제품 만들기

보드게임 개발 과정에서 빼놓을 수 없는 것은 시제품 제작이다. 시제품을 제작하는 이유는 아이디어를 실제 형태로 구현하고, 규칙의 흐름과 밸런스를 검증하기 위해서다. 머릿속에서 아무리 멋진 아이디어가 떠올라도, 실제로 플레이 해 보기 전까지는 그 게임이 제대로 작동하는지 알 수 없기 때문에 시제품 제작은 필수적이다. 또 시제품과 뗄수 없는 것이 있다. 바로 테스트다. 시제품으로 테스트를 진행하면 오류를 발견하고 규칙을 수정할 수 있다. 시제품을 통한 테스트는 크게 다섯 가지 목적을 가진다.

메커니즘 검증

규칙과 시스템이 실제 플레이 상황에서 유기적으로 작동하는지 확인한다.

디자인 적용성 확인

아이디어가 구성물, 카드, 보드 등 실제 구성물에 효과적으로 반영되는지 점검한다.

피드백 수집
사용자나 테스트 플레이어로부터 피드백을 받고, 예상치 못한 문제나 개선점을 발견한다.

시나리오 실험
다양한 상황을 가정하여 게임의 흐름과 밸런스를 실험한다.

리스크 절감
큰 비용과 시간을 들이기 전에 사전 위험 요소를 찾아내고 수정한다.

위에서 말했듯이 시제품 제작과 테스트는 반복적인 과정을 거친다. 만들고, 테스트하고, 수정하고, 다시 만들기를 반복하면서 점차 완성도 높은 게임이 만들어진다. 이 과정에서 수많은 시제품이 만들어지고 수정되기를 반복한다. 시제품은 실패와 시행착오를 통해 완성으로 나아가는 과정이라 할 수 있다.

시제품 제작 시점은 보드게임 기획서가 어느 정도 완성된 이후가 적절하다. 이때 중요한 것은 디자인의 완성도가 아니라 테스트가 가능한 최소한의 형태를 갖추는 것이다. 디자인은 우선 기획을 어느정도 완성한 다음에 점차 완성도를 높여 최종 버전에 가까워지도록 발전시키면 된다. 일반적으로 시제품 제작은 초기, 중기, 최종의 세 단계로 나눌 수 있다.

초기 시제품 제작

초기 시제품을 제작하기 전에 가장 먼저 확인해야 할 것은 기획서다. 기획서에는 게임의 전반적인 구조와 필요한 구성물이 정리되어 있으므로, 이를 바탕으로 실제 게임에 필요한 요소를 선별해 실물 형태로 제작한다. 이 단계에서 중요한 것은 고급 재료나 세련된 디자인이 아니라 가장 단순하고 손쉬운 방식으로 제작하는 것이다. 종이를 카드 크기로 잘라 펜으로 내용을 쓰거나, 간단히 컴퓨터로 레이아웃을 만들어 인쇄하는 방법이 흔하다.

초기 시제품은 게임의 흐름을 확인하고 불필요한 구성물을 걸러내는 데 집중해 제작한다. 구성물이 많아질수록 접근성이 떨어지고 복잡해지며, 제작 단가까지 상승하기 때문에 하나의 구성물이 여러 기능을 수행할 수 있도록 통합하는 것이 바람직하다. 예를 들어, 한 장에 과일 하나씩만 그려진 카드 대신 여러 과일을 한 장에 모아 표현하면 카드 수를 줄일 수 있을 것이다. 토큰이나 게임 말 또한 겹치는 기능이 있다면 하나로 합치는 편이 좋다. 이런 축소와 단순화는 제작자뿐 아니라 출판사와 소비자 모두에게 유리하다. 제작 단가가 낮아지고 소비자 가격 부담이 줄어 경쟁력 있는 게임으로 이어질 수 있기 때문이다. 초기 시제품은 비용을 최소화하고 리스크를 줄이는 데 집중해야 한다.

중기 시제품 제작

초기 시제품 테스트에서 큰 문제가 발견되지 않았다면, 이제 실제 재료를 활용한 본격적인 제작 단계로 나아간다. 카드, 토큰, 보드 판 등을 종이, 목재, 플라스틱 등 다양한 소재로 만들어 본다. 카드는 종이에 인쇄한 뒤 슬리브에 넣어 수정과 활용을 용이하게 할 수 있고, 토큰이나 보드는 두꺼운 종이나 도화지를 사용하면 두께감을 줄 수 있다. 특별한 주사위가 필요하다면 무지 주사위를 구매해 직접 표시하는 방법도 있다.

이렇게 실재료로 구성물이 준비됐다면 레이아웃을 어떻게 할지 고민해야 한다. 레이아웃이란 게임을 플레이할 때 정보가 잘 보이고 이해하기 쉽게 구성 요소를 배치하는 것으로 보드게임 디자인의 핵심 요소라 할 수 있다. 예를 들어, 카드 상단에는 이름, 중앙에는 일러스트, 하단에는 기능, 모서리에는 숫자나 아이콘을 배치하면 카드의 직관성을 높일 수 있다. 이는 정해진 규칙이 아니라 관례일 뿐이며, 게임 특성에 맞추어 새로운 레이아웃을 시도해도 무방하다. 중요한 것은 플레이어가 게임을 쉽게 이해하고 즐길 수 있도록 시인성과 직관성을 확보하는 것이다.

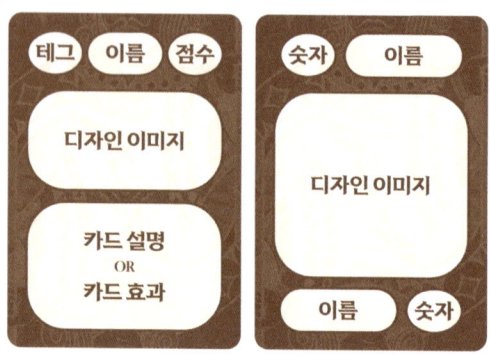

최종 시제품

최종 시제품은 대량 생산 직전 단계로, 실제 제품과 거의 동일한 형태를 갖춘다. 초기와 중기 시제품에서 발견한 문제를 모두 반영해 구성물을 다듬고, 플레이 흐름과 인터페이스를 개선한다. 단순화했던 아이콘이나 디자인 요소를 시각적 흥미를 줄 수 있는 디자인으로 수정해 완성도를 높인다. 모든 테스트와 아트워크 작업이 마무리되면 비로소 최종 시제품을 제작할 수 있다. 최종 시제품은 수많은 시행착오 끝에 얻은 결과물로, 마치 원석을 다듬어 완성된 보석과도 같다. 이제 이 보석을 혼자 간직하는 것이 아니라, 대량 생산을 통해 더 많은 플레이어와 나누어야 한다. 그것이 최종 시제품의 의미다.

앞서 말했듯이 시제품 제작과 테스트는 불가분의 관계다. 1차 시제품 〉 1차 테스트 〉 2차 시제품 〉 2차 테스트… 이런 과정을 수 차례 반복하면서 게임은 점차 완성도 높은 결과물로 다듬어진다. 이렇게 초기, 중기, 최종 시제품 단계를 거쳐 마침내 최종 형태에 도달한다. 그렇다면 테스트는 어떻게 진행해야 할까?

성공한 보드게임은 모두 '이것'을 수백 번, 수천 번 거쳤다

유명한 보드게임들의 공통적인 특징이 있다. 단순히 재미있는 아이디어만으로 성공한 것이 아니라, 바로 '이것'을 수없이 반복했다는 것이다. 체스와 바둑은 수백 년 동안 사람들의 손에서 다듬어졌고, 모노폴리는 수십 년간 여러 버전을 거쳐 지금의 형태를 갖췄다. 보드게임 하나가 세상에 나오기까지 보통 100~500회, 많게는 천 회 이상의 '이것'을 거친다. 불균형한 규칙과 예상치 못한 허점은 오직 '이것'을 통해서만 드러나기 때문이다. 규칙의 결함을 발견하고 수정하는 이 과정이 성공한 보드게임의 비밀이다. 지금까지 말한 '이것'은 바로 '테스트'다.

테스트는 실제로 플레이하며 게임의 재미와 균형, 규칙의 명확성 등을 점검하는 과정이다. 더 나은 보드게임을 만들기 위해 반드시 거쳐야 하는 필수적인 단계이며 보드게임 개발에서 가장 많은 시간이 소요되는 부분이기도 하다.

테스트를 진행하다 보면 결과에 따라 규칙이나 메커니즘을 수정해야 하는 상황이 자주 생긴다. 때로는 권장 연령, 인원 수, 플레이 시간 같은 기본 정보까지 다시 설정해야 할 때도 있다. 이러한 조정은 보드게임 작가가 의도한 방향성과 일치해야 하며, 핵심 기획과 메커니즘에 오류가 없는지, 다양한 상황에서 개선할 부분은 없는지를 면밀하게 확인해야 한다.

이 과정에서 중요한 것은 테스트의 양과 질이다. 게임 진행 시간, 승률, 규칙 변경 내역처럼 테스트 과정 전반을 꼼꼼히 기록해야 쌓인 데이터를 기반으로 피드백을 분석하고 다음 테스트에 반영할 수 있다. 같은 사람과 반복적으로 테스트하는 것도 도움이 되지만, 다양한 사람들과 여러 환경에서 검증해야 더 폭넓은 인사이트를 얻는다. 게임은 반복할수록 익숙해지기 때문에, 처음 접하는 사람들의 반응이 특히 유용하다. 또한 규칙이나 밸런스를 수정했다면 반드시 재확인 테스트를 거쳐야 하며, 아무리 적어도 같은 규칙으로 2회 이상은 반복 검증하는 것이 좋다.

그렇다면 테스트를 더 의미 있게 진행하려면 어떻게 해야 할까? 이때 유용한 도구가 바로 테스트 체크리스트다. 실제 테스트를 하다 보면 놓치기 쉬운 요소들이 많기 때문에, 반드시 확인해야 할 항목을 미리 정리해 두는 편이 좋다. 체크리스트를 기준으로 테스트를 진행하면 기록이 간편해지고, 이후 수정 작업도 훨씬 수월해진다. 구체적인 체크리스트 예시는 TIP에서 따로 소개할 예정이다.

테스트는 보통 소규모 테스트와 베타 테스트로 나눌 수 있다. 소규모 테스트는 친구나 가족처럼 신뢰할 수 있는 사람들과 함께 진행하며, 초기 문제점을 점검하는 단계에서 진행한다. 반면 베타 테스트는 더 넓은 커뮤니티나 잠재 고객을 대상으로 진행하며 완성도와 밸런스를 검증한다. 이때는 설문이나 인터뷰를 통해 규칙 이해도, 재미 요소, 난이도 등을 평가하고 보다 심층적인 문제를 분석하기도 한다. 따라서 게임에 대한 이해도가 높고 경험이 풍부한 참여자를 선별하는 것이 좋으며 다른 작가나 업계 관계자를 중심으로 진행하기도 한다. 베타 테스트에 들어가기 전에는 얻고자 하는 정보를 명확히 하고 그에 맞는 질문을 준비해 두는 것이 피드백의 질을 높이는 데 도움이 된다.

작가는 테스트 과정에서 규칙과 메커니즘을 점검하는 동시에, 플레이어들의 진행 모습을 관찰하며 반응과 행동을 기록해야 한다. 어떤 부분에서 시간이 지연되는지, 반복해서 헷갈려 하거나 어려워하는 규칙은 무엇인지 주의 깊게 살펴보는 것이 중요하다. 이후에는 플레이어들에게 구체적인 피드백을 요청한다. 게임에서 즐거웠던 점, 이해하기 어려웠던 부분, 불편했던 요소 등을 질문하고, 자신이 관찰한 내용과 일치하는지 비교하며 검토하는 과정이 필요하다.

피드백을 반영해 게임을 수정한 뒤 다시 테스트를 반복하면 완성도는 점차 높아진다. 또한 테스트에 참여한 사람들에게 감사의 의미로 소정의 선물이나 완성된 게임을 제공하는 것도 좋다. 이러한 보상은 테스터들의 적극적인 참여를 이끌고, 더 진솔한 피드백을 얻는 데 도움이 된다.

시제품 단계에 이르면 규칙뿐 아니라 게임 외적인 요소도 반드시 검증해야 한다. 테마의 몰입도, 구성물의 직관성, 시각적 피로감, 디자인, 세팅의 편의성 등은 실제 보드게임 구매자들이 가장 먼저 살피는 요소이기도 하다. 따라서 이 단계의 테스트는 단순한 시행착오가 아니라 개발 전반을 점검하는 핵심 절차다. 기획 의도와 실제 플레이 사이의 차이를 좁혀 주고, 작가가 자신의 게임을 객관적으로 바라볼 수 있게 해주는 중요한 과정이기 때문이다.

만약 당신이 테스터라면 "재밌네요", "즐거웠습니다" 같은 단순한 칭찬보단 구체적이고 솔직한 피드백을 해주는 것이 좋다. 반대로 "이건 별로네요"처럼 단순한 비난은 예의가 아니며 작가에게도 실질적인 도움이 되지 않는다. 가장 바람직한 피드백은 문제점뿐 아니라 대안까지 제시하는 피드백이다.

작가 또한 지켜야 할 태도가 있다. 피드백을 감정적으로 받아들이기보다는 개선의 기회로 삼는 태도가 필요하다. 자신이 만든 게임의 의도와 이유가 있기 마련이지만, 피드백이 들어왔을 때 방어하거나 해명하려는 태도를 보이면 테스터들의 솔직한 피드백을 들을 수 없고 피드백의 질이 떨어진다. 모든 피드백은 우선 경청하고 왜 그런 느낌을 받았는지 질문으로 파고드는 태도가 필요하다. 만약 단순한 비난이라면 가볍게 흘려보내는 것이 좋다. 오히려 그 테스터에게 "이 문제를 어떻게 개선하면 좋을까요?"라고 묻는 것도 하나의 방법이다.

이처럼 반복적인 테스트와 피드백 수용 과정을 거치며 게임은 점차 정제되어 간다. 좋은 보드게임은 언제나 좋은 테스트에서 시작된다. 이는 게임을 단순히 완성하는 것이 아니라 더 많은 사람에게 즐거움과 몰입을 줄 수 있는 작품으로 빚어내는 과정이다. 결국 성공적인 보드게임은 우연히 탄생하지 않는다. 철저한 기획과 테스트 그리고 끊임없는 개선 과정을 통해 완성된다.

좋은 보드게임을 만들기 위한 테스트 체크리스트

TIP

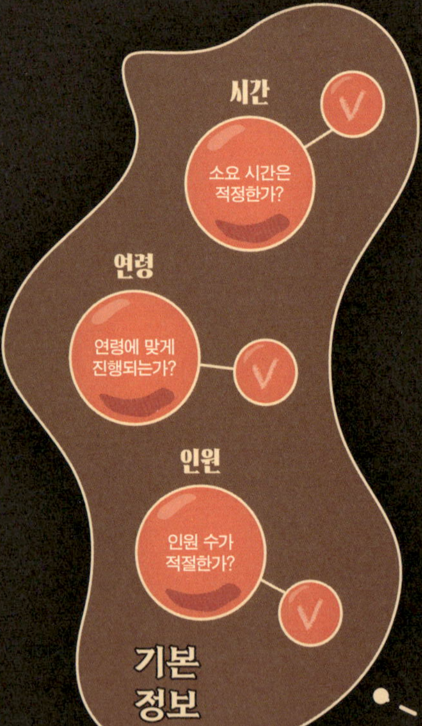

시간

소요 시간은 적정한가?

연령

연령에 맞게 진행되는가?

인원

인원 수가 적절한가?

기본 정보

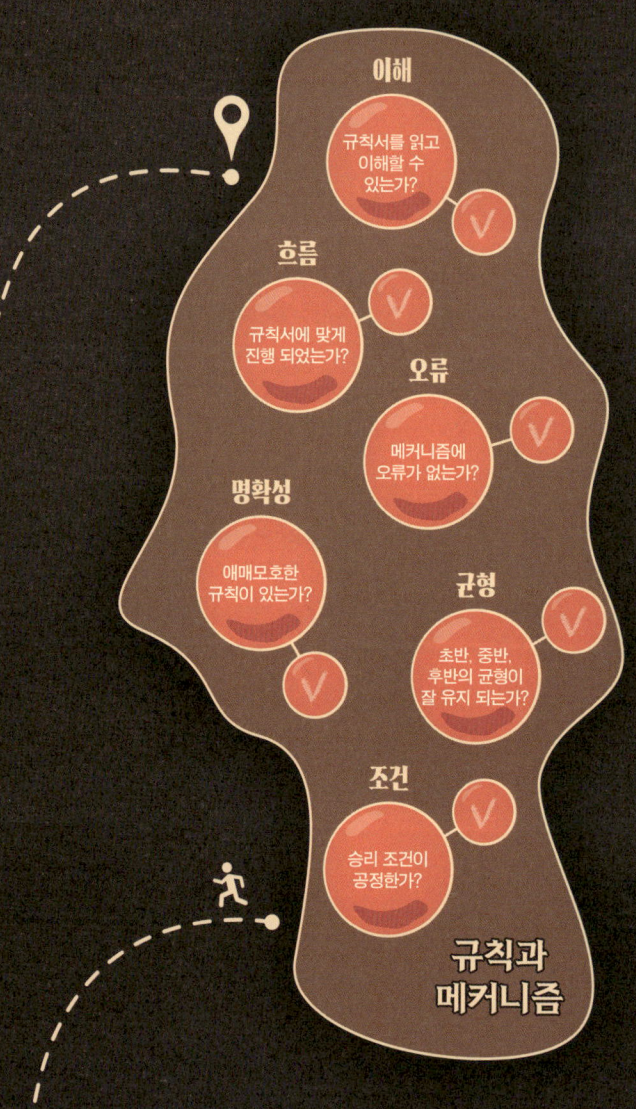

이해

규칙서를 읽고
이해할 수
있는가?

흐름

규칙서에 맞게
진행 되었는가?

오류

메커니즘에
오류가 없는가?

명확성

애매모호한
규칙이 있는가?

균형

초반, 중반,
후반의 균형이
잘 유지 되는가?

조건

승리 조건이
공정한가?

규칙과
메커니즘

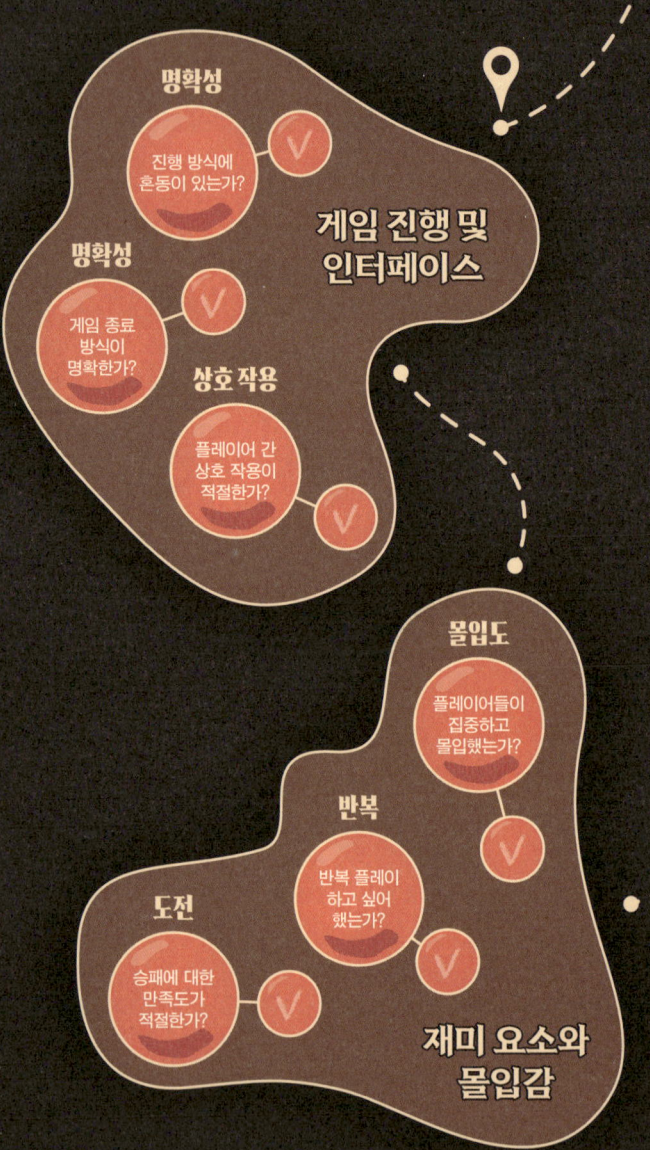

명확성

진행 방식에 혼동이 있는가? ✓

명확성

게임 종료 방식이 명확한가? ✓

상호 작용

플레이어 간 상호 작용이 적절한가? ✓

게임 진행 및 인터페이스

몰입도

플레이어들이 집중하고 몰입했는가? ✓

반복

반복 플레이 하고 싶어 했는가? ✓

도전

승패에 대한 만족도가 적절한가? ✓

재미 요소와 몰입감

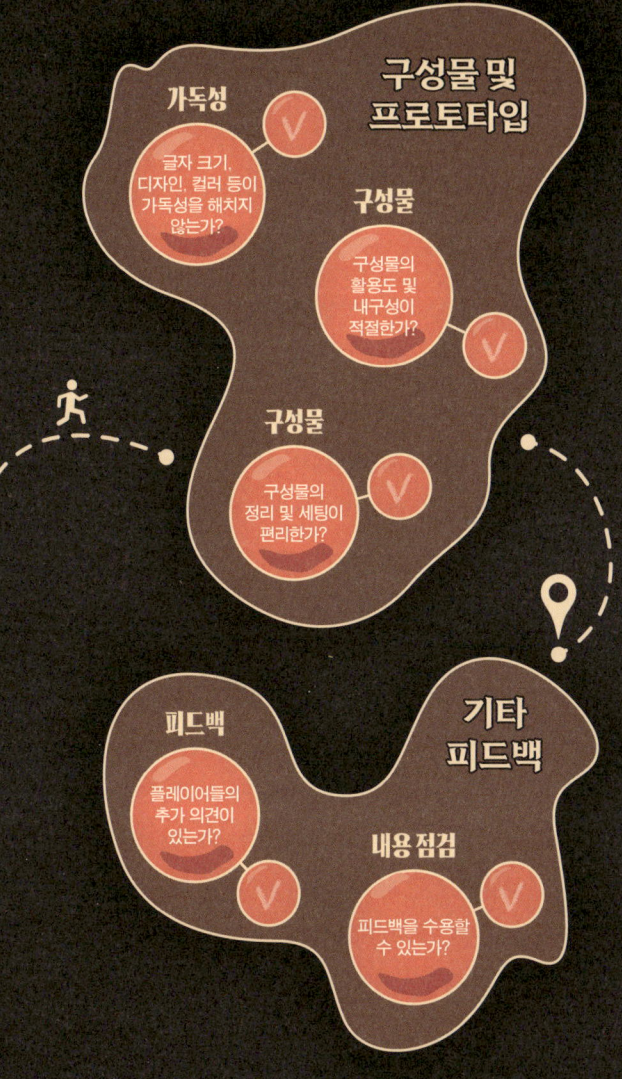

구성물 및
프로토타입

가독성

글자 크기,
디자인, 컬러 등이
가독성을 해치지
않는가?

구성물

구성물의
활용도 및
내구성이
적절한가?

구성물

구성물의
정리 및 세팅이
편리한가?

기타
피드백

피드백

플레이어들의
추가 의견이
있는가?

내용 점검

피드백을 수용할
수 있는가?

보기 좋은 떡이
맛도 좋은 것처럼

1915년 등장한 코카콜라의 곡선형 유리병은 단순한 용기를 넘어 브랜드의 정체성을 상징하는 아이콘이 되었다. 병의 형태만 보아도, 심지어 어두운 곳에서 만지기만 해도 코카콜라임을 알아볼 수 있을 만큼 독창적이었다. 여기에 강렬한 빨간색과 로고 디자인이 더해지며 코카콜라는 하나의 문화적 상징으로 자리 잡았다. 이처럼 디자인은 미적 요소를 넘어서 제품의 가치를 결정짓는 핵심 요소다. 소비자는 기능뿐 아니라 감성과 필요성까지 고려해 제품을 선택하며, 좋은 디자인은 이러한 경험을 설득력 있게 완성한다.

보드게임 속 디자인도 게임의 미적 이미지만을 위한 것이 아니다. 플레이어가 게임을 통해 느끼는 감정과 추억을 만들어 주는 작품이다. 같은 의미의 디자인이라도 그냥 동그라미와 구슬같이 예쁜 동그라미는 다르다. 그것이 디자인이 주는 힘이다. 직관적인 아이콘과 명확한 레이아웃은 규칙을 쉽게 이해하도록 돕고, 세련된 디자인은 게임의 분위기를 극대화한다.

보드게임의 디자인은 보드, 카드, 캐릭터, 토큰, 상자 디자인 등 다양하게 적용되며 게임의 전반적인 톤에 핵심적인 역할을 한다. 디자인할 때는 크게 세 가지를 확인해야 한다. 첫 번째는 전체적인 디자인의 스타일, 두 번째는 스타일에 맞는 색상, 마지막은 정보 전달을 위한 아이콘과 심볼이다. 각 핵심 요소를 어떻게 확인해야 하는지 살펴보자.

스타일

먼저 게임의 스토리나 테마에 맞는 스타일을 결정해야 한다. 예를 들어 판타지 테마 게임은 중세풍의 삽화나 신비로운 마법 요소가 포함된 디자인을 사용할 수 있고, SF 게임이라면 미래적이고 메카닉한 디자인이 필요할 수 있다. 결정된 주요 분위기에 맞게 보드, 카드, 토큰, 주사위 등 모든 구성물이 일관된 스타일을 유지해야 한다. 카드와 보드판의 배경 이미지를 같은 색상 팔레트로 사용하면 통일성이 있어 보인다. 하지만 보드 판 위의 공간에서 다른 구성물이 쉽게 구분될 수 있도록 각기 다른 색상이나 대비를 주는 것이 좋다. 정리하면 주요 분위기는 통일하되 각각의 구성 요소는 구별을 주는 것이 좋다.

색상

색상은 게임의 분위기를 결정하는 데 큰 영향을 미친다. 전투 중심의 게임이라면 강렬한 빨강, 검정 등을 사용하여 긴장감을 줄 수 있고, 가족용 게임에서는 밝고 따뜻한 색상을 사용해 친근한 분위기를 줄 수 있다. 이처럼 색상은 게임 전체의 톤과 감정을 나타낸다. 게임의 스타일에 맞는 색으로 결정하는 것이 중요하다.

아이콘과 심볼

아이콘과 심볼은 게임에서 정보를 전달하는 요소이기 때문에 너무 복잡해서는 알아보기 어려우며 직관적인 것이 좋다. 효과나 행동을 쉽게 이해할 수 있는 상징으로 표현하면 된다. 예를 들어 전쟁 테마 게임에서 공격은 칼의 이미지를 넣고, 방어는 방패 이미지를 넣고, 자원은 쌀이나 과일을 넣는 것이 좋다. 아이콘과 심볼도 주요 분위기에서 벗어나지 않게 일관성을 유지해야 한다. 다만 플레이어가 직관적으로 이해하기 쉽도록 구별은 가능하게 단순하고 명확하게 표현해야 한다.

보드게임을 개발한 작가가 직접 그림을 그려 디자인까지 직접 할 수 있다면 더할 나위 없이 이상적일 것이다. 머릿속에 그린 아이디어를 그대로 시각화할 수 있기 때문이다. 그러나 대부분의 작가는 디자인보다는 게임 개발에 집중하기 마련이다. 그래서 아름답고 예쁜 디자인을 위해 전문 일러스트레이터와 협업한다. 일러스트레이터와의 협업은 게임의 테마와 디자인 방향을 효과적으로 구현할 수 있도록 도와준다.

보드게임 작가는 게임을 만들 때 자신이 구상한 디자인을 정확히 일러스트레이터에게 전달해야 한다. 프로젝트가 시작되면 게임의 전반적인 배경과 규칙을 설명하고, 원하는 스타일을 구체적으로 이해시킬 수 있도록 레퍼런스 이미지를 제공하는 것이 좋다. 말보다 글이, 글보다 그림이 더 효과적이다.

무엇보다 중요한 것은 소통이다. 아무리 열심히 설명해도 제대로 전달되지 않으면 의미가 없다. 보드게임 작가와 일러스트레이터는 피드백을 주고받으며 더 나은 방향을 모색해야 한다. 소통은 단순히 "더 멋있게 그려주세요"라는 식이 아니다. "이 부분의 색상을 2~3단계 밝게 조정하고, 캐릭터의 표정을 행복하게 표현해 주세요. 글씨는 가독성을 높여주세요"처럼 구체적이고 명확한 요구가 필요하다. 없는 디자인을 새롭게 만드는 과정인 만큼 요구사항이 구체적일수록 일러스트레이터가 이해하기 쉽다. 피드백을 줄 때는 개선점뿐 아니라 잘된 부분도 함께 짚어주어야 하며 여러 시안을 비교해 가장 적합한 것을 선택하는 과정도 중요하다.

다만 작가가 일방적으로 지시만 해서는 안 된다. 일러스트레이터는 시각적 요소에 대한 전문가이므로 창의성을 발휘할 수 있도록 도와야 한다. 지나치게 세세한 지시는 창의성을 억누를 수 있다. 따라서 명확한 가이드 라인은 제공하되, 그 안에서 일러스트레이터가 자신의 스타일을 표현할 수 있도록 해야 한다. 일러스트레이터와의 협업은 게임의 시각적 완성도를 높이는 핵심 과정이다. 요구사항 전달, 피드백, 창의적 자유, 체계적인 프로세스 관리가 조화를 이룰 때 협업은 성공적으로 진행된다.

아무리 잘 만든 보드게임이라도 디자인이 부족하면 소비자의 선택을 받기 어렵다. 보드게임의 첫인상을 결정하는 것은 패키지 디자인이다. 눈길을 끄는 일러스트와 독창적인 디자인은 소비자의 관심을 사로잡고 구매로 이어지게 한다. 또한 안의 구성물이나 규칙서를 보지 않고 디자인만으로 게임의 테마와 메커니즘을 어느 정도 예측할 수 있다면 구매를 유도하기 수월할 것이다.

보드게임 제작의 기본은 인쇄술

　디자인까지 마친 보드게임은 실물 제작을 통해 제품화해야 한다. 이를 위해 가장 먼저 이해해야 할 핵심 요소는 인쇄다. 보드게임의 대부분 구성물은 인쇄물이다. 박스, 카드, 보드 판, 규칙서 모두 인쇄 과정을 거치며, 심지어 목재 미플이나 플라스틱 구성물에도 인쇄가 들어간다. 그만큼 보드게임과 인쇄는 떼려야 뗄 수 없는 관계다. 인쇄 품질은 게임의 완성도를 좌우한다. 색상의 정확도, 종이의 질감, 코팅 여부에 따라 플레이어의 만족도가 달라진다. 또한 인쇄 방식에 따라 비용과 제작 기간이 달라지므로 기획 단계부터 인쇄를 고려하는 것이 바람직하다.

　일반적으로 카드는 코팅된 종이에 양면 인쇄 후 재단 과정을 거친다. 보드 판은 두꺼운 판지에 인쇄지를 부착하고 코팅하여 내구성을 강화한다. 토큰과 타일은 펀칭 보드 방식으로 제작하며, 규칙서는 소책자 형태로 인쇄된다. 이 과정에서 인쇄 방식과 후가공은 품질을 결정짓는 요소다. 선명한 색감과 정밀한 디자인은 시각적 만족감을 높이고 직관적인 정보 전달에도 중요하게 작용한다. 반대로 색이 흐리거나 번진 인쇄물은 몰입감을 떨어뜨린다. 카드와 보드의 두께, 촉감 역시 사용감과 내구성을 크게 좌우한다.

본격적인 제작을 위해서는 인쇄소 선택이 중요하다. 인쇄 지식이 있다면 일반 인쇄소를 통해 진행할 수도 있지만, 경험이 적다면 보드게임 전문 인쇄소를 찾는 것이 안전하다. 요즘은 전문 제작 업체가 많아 인터넷 검색만으로도 쉽게 찾을 수 있다.

보드게임 제작 업체는 크게 두 가지로 나뉜다. 국내 제작은 의사소통이 원활하고 소량 제작도 가능하며 제작 기간이 짧다. 그러나 비용이 높고 원하는 품질을 확보하기 어려울 수 있다. 반면, 해외 제작은 최소 주문 수량MOQ이 500~1,000개 이상인 경우가 많고, 제작 기간과 물류 비용이 길게 소요된다. 그러나 전문 제작사인 만큼 기본 단가는 저렴하고, 높은 퀄리티를 안정적으로 보장받을 수 있다는 장점이 있다.

	국내	해외
수량	소량부터 대량까지	최소 500개, 기본 1,000개
가격	비쌈	저렴함
기간	2주~한 달 정도로 비교적 짧음	3개월 이상 소요되는 곳이 많음
품질	작가가 직접 체크해야 함	웬만해서는 품질이 좋음

그 외에 보드게임을 제작할 때 체크해야 할 몇가지 사항이 있다.

체크 사항	내용
최소 주문 수량(MOQ)	• 소량 (100~500부) • 대량 (1,000부 이상)
샘플 제작 여부	• 디지털 샘플과 실제 제작 방식 샘플 여부 • 샘플 제작 비용 및 소요 기간
종이 및 재질 옵션	• 종이 샘플 제공 확인 • 종이 평량에 따른 두께 확인
후가공 및 마감 옵션	• 코팅(유광/무광/린넨) • 엠보싱, 라운딩 처리 가능 여부
인쇄 색상	• 색상 오차 확인(감리) 가능 여부
개별 포장 여부	• 포장 방식(개별 포장, 포장 없음)
가격 및 추가 비용	• 기본 견적 외 추가 비용(후가공, 배송비) 포함 여부 • 대량 주문 시 할인 가능 여부

보드게임 제작을 맡길 인쇄소를 결정했다면 본격적인 제작에 앞서 인쇄 과정을 이해하는 것이 도움이 된다. 먼저 모든 구성물의 디자인을 확정하고 인쇄소에서 요구하는 규격에 맞추어 파일을 준비해야 한다. 이때 CMYK 컬러 모드를 사용해 모니터와 인쇄물의 색상을 맞추고, 해상도는 300dpi 이상으로 유지한다. 또한 재단선을 기준으로 3~5밀리미터의 도련을 확보해야 하며, 폰트는 반드시 아웃 라인 처리해 깨짐을 방지한다.

그다음은 샘플 인쇄 단계다. 보통 1~2개 정도의 샘플을 제작해 색감, 재질, 두께, 코팅, 재단 상태 등을 최종 확인하고 수정 사항을 반영한다. 이때가 마지막 수정 기회다. 샘플 검토가 끝나면 대량 인쇄로 넘어간다. 보드게임은 보통 500~1000개 단위로 제작되며 수량에 따라 단가 차이가 크므로 생산 규모를 신중히 정해야 한다. 인쇄가 끝나면 코팅, 라미네이팅, 박 가공 같은 후가공을 선택적으로 진행한다. 후가공은 필수는 아니지만, 특히 코팅은 품질과 내구성을 위해 권장된다. 이후 재단과 타공을 거쳐 원하는 규격과 모양으로 잘라낸 뒤, 품질 검사를 마치고 포장하면 비로소 보드게임은 출시 준비를 마친다. 이러한 과정을 이해하면 제작자가 인쇄소와 협업할 때 훨씬 원활하고 정확하게 대응할 수 있다.

최근 보드게임 인쇄에는 새로운 흐름도 나타나고 있다. 친환경 인쇄가 대표적이다. 재생용지, 콩기름 잉크, FSC 인증 종이 사용, 플라스틱 구성물 최소화 같은 방식이 점점 보편화되고 있다. 또 하나는 주문형 생산 Print On Demand, POD이다. 소량 제작이 가능해 재고 부담을 줄이고 비용을 최적화할 수 있어 주목받고 있다. 이 밖에도 UV 인쇄, 엠보싱, 금박 가공 같은 고급 기법들이 활용되면서 보드게임의 시각적, 촉각적 완성도를 한층 높이고 있다.

알아두면 편리한
인쇄와 디자인 용어

해상도　　이미지의 선명도를 나타내는 값, 보통 dpi(인치당 도트
　　　　　수)로 표시됨. 인쇄용은 300dpi 이상 권장

인쇄 색상　RGB 모니터 및 디지털 장치에서 사용하는 색상 모드
　　　　　(Red, Green, Blue). 인쇄 시 CMYK로 변환 필요

　　　　　CMYK 인쇄에서 사용하는 네 가지 색상 (Cyan, Magenta,
　　　　　Yellow, Black). 디지털 화면의 RGB와 다름. 4도는 위의 네
　　　　　가지 색상을 모두 사용해 색을 배합했다는 것을 뜻함

도련　　　재단 시 여백 없이 인쇄하기 위해 설정하는 바깥 여유
　　　　　공간. 일반적으로 3~5mm

안전 영역　재단 후 잘리지 않도록 중요한 요소(텍스트, 로고 등)를
　　　　　배치해야 하는 영역

재단선　　최종적으로 잘려나갈 위치를 표시하는 선

먹　　　　검정색(K) 잉크. 순수한 검정보다는 C, M, Y를 혼합해
　　　　　깊이 있는 검정을 만들기도 함

누끼　　　이미지의 배경을 제외하고 모양만 도려낸 것

싸바리　　얇은 종이를 두꺼운 판지에 싸서 풀로 만든 것

인쇄 방식	**오프셋 인쇄** 가장 일반적인 대량 인쇄 방식. 인쇄판을 이용하여 종이에 전사하는 방식
	디지털 인쇄 인쇄판 없이 직접 출력하는 방식. 소량 인쇄에 적합
목형	나무판에 원하는 형태의 칼을 꼽어서 만드는 재단 칼
귀도리	모서리를 둥글게 가공하는 방식
도무송	원하는 형태로 종이를 컷팅하는 작업. 스티커, 패키지 제작 등에 사용됨
형압	종이에 볼록한 입체감을 주는 가공 방식
요철	형압과 반대로 종이에 오목한 효과를 주는 가공 방식
박	금박, 은박, 홀로그램 등의 특수한 필름을 열과 압력을 이용해 인쇄물에 입히는 가공
접지	종이를 접기 쉽게 하기 위해 눌러주는 작업. 카탈로그, 초대장 등에 활용
미싱	쉽게 뜯을 수 있도록 점선 형태로 절취선을 만드는 가공
타공	금박, 은박, 홀로그램 등의 특수한 필름을 열과 압력을 이용해 인쇄물에 입히는 가공
오시	접지 전 접는 부분에 누름 자국을 내는 가공
코팅 방식	**유광 코팅** 표면을 반짝이게 코팅하여 색상을 선명하고 화려하게 보이게 하는 가공
	무광 코팅 표면을 부드럽고 차분하게 마감하는 코팅 방식. 반사가 적어 고급스러움

UV 코팅 자외선(UV)으로 경화시키는 특수 코팅. 광택을 강조하고 내구성을 증가시킴

에폭시 특정 부분에 볼록하고 투명한 코팅을 올려 입체감을 주는 가공

제본 인쇄된 용지를 하나로 묶어 책을 만드는 가공 (중철제본, 무선제본, 스프링제본 등)

중철 제본 종이를 반 접어 가운데를 철심으로 찍는 얇고 펼침성이 좋은 제본

무선 제본 책등을 풀로 붙여 마감한 가장 일반적인 제본

스프링 제본 철이나 플라스틱 스프링으로 묶어 360도로 펼칠 수 있는 제본

ex) 인스퍼 에코 251g · 양면 4도 인쇄
무광 코팅 · 톰슨 (도무송)

인스퍼 에코 종이로 제작하는데
251g 평량으로 두께를 조정한다.

양면으로 인쇄하고 4도(CMYK 4가지 컬러 인쇄)로 한다.
(1도는 흑색만 하는 흑백 인쇄다.)

1도

4도

무광으로 코팅한다.

목형을 사용해 자른다.

보드게임 양산 시 확인해야 하는 것들

보드게임 개발이 끝나면 최종 단계는 양산, 즉 대량 생산이다. 나만 즐기던 게임을 수백, 수천 개 단위로 제작해 많은 사람에게 선보이는 과정으로, 수정할 수 있는 마지막 기회이기도 하다. 따라서 규칙과 디자인을 최종적으로 확인하는 일이 무엇보다 중요하다. 양산에 들어가면 더 이상 손볼 수 없기 때문이다. 이 단계에서는 제작 사양과 견적, 인증 및 법률 사항, 그 외의 고려 사항을 확인해야 한다.

게임 규칙과 디자인에 수정이 없다면 양산 전 핵심은 제작 사양과 견적이다. 인쇄 업체와의 미팅에서 최종 양산 전 샘플을 제작할 수 있는지 확인해야 한다. 양산에 들어가면 수정이 어렵기 때문에 실제 제품을 확인할 수 있는 마지막 기회다. 이어서 제작 견적을 검토하는데, 이는 비용 절감과 품질 확보에 직결된다. 보통 샘플은 인디고 방식으로 인쇄하지만, 대량 생산에서는 상업용 인쇄 기계를 사용하기 때문에 색감이나 질감이 다를 수 있다. 따라서 대량 인쇄에 들어가기 전 감리를 통해 색상, 두께, 촉감 등을 면밀히 확인해야 한다. 감리를 하지 않으면 색상 차이나 인쇄 밀림 같은 오류가 발생할 수 있다.

자재 선택에서도 세심한 고려가 필요하다. 종이, 카드, 목재, 플라스틱 등은 단가뿐 아니라 내구성, 환경 친화성, 가공 용이성까지 함께 살펴야 한다. 카드의 경우 코팅 여부에 따라 촉감과 내구성이 달라지며, 광택, 무광택, 린넨 코팅, 도트 코팅 등 표면 가공 방식에 따라 완성도가 달라진다. 목재 토큰은 비용이 높지만 따뜻하고 고급스러운 느낌을 준다. 플라스틱 구성물은 초기 금형 비용이 부담이지만 대량 생산에서는 단가를 낮출 수 있다는 장점이 있다. 자재 선택이 끝나면 제조사별 최소 수량, 단가, 인쇄 옵션을 확인해 견적을 요청하고, 해외 제작을 의뢰한다면 운송비와 관세를 포함한 종합 견적을 받아야 한다. 주문 전후 결제 조건과 납기 일정도 꼼꼼히 협의해야 불필요한 위험을 줄일 수 있다.

인쇄 업체가 결정되면 최종 디자인 파일을 검토해야 한다. 디자인 파일 마감 시에는 모든 작업물을 CMYK 컬러 모드로 변환 해야 한다. 그리고 인쇄사 기준에 맞춘 해상도 보통 300dpi 이상, 재단선, 여백 보통 2-3mm을 정확히 포함해야 한다. 재단선이 명확하지 않거나 해상도가 낮을 경우에는 실제 제품에서 이미지 잘림이나 인쇄 품질 저하가 발생할 수 있다. 마지막으로 글꼴 아웃라인 글씨를 이미지화 처리, 링크 이미지 포함 여부 등도 반드시 점검해야 한다.

생산 스케줄 확인 역시 매우 중요하다. 일반적인 보드게임 제작은 인쇄 〉 코팅, 재단 〉 구성품 가공 〉 조립 및 포장 〉 출하 순으로 진행되며 각 단계마다 시간이 소요된다. 명절이나 연휴가 포함되면 1~2주 이상 지연될 수 있으므로 완충 기간을 확보해야 한다. 특히 크라우드 펀딩이나 출시 일정이 정해져 있는 경우 제작 지연은 곧 고객 불만으로 이어지므로 철저한 일정 관리가 필요하다.

제품을 수령하면 품질 검사를 통해 일부를 무작위 추출해 색상, 재단 상태, 구성품 누락 여부를 점검한다. 작은 오차도 수백, 수천 개 단위로 확대될 수 있기 때문이다. 특히 오타나 인쇄 불량, 색상 오류 등은 양산 과정에서 흔히 발생할 수 있어, 수정 스티커나 정정 공지로 대응하기도 한다. 하지만 작은 오류 하나가 전체 제품의 가치를 떨어뜨릴 수 있으므로 사전 점검이 필수다.

양산이 끝나도 후속 관리가 남아있다. 구성품 누락이나 불량에 대비해 A/S 체계를 마련하고, 고객 센터 연락처와 교환 절차를 사전에 안내해야 한다. 불량을 받은 고객이 편하게 대처할 수 있도록 고객 센터 연락처, 교환 신청 방법, 처리 기간 등을 미리 공지한다. 이러한 정책은 고객 신뢰를 높이고 브랜드 이미지 보호에 큰 도움이 된다.

마지막으로, 회수 및 위험 요소에 대응할 수 있는 계획을 준비해야 한다. 만약 심각한 품질 문제가 발생해 회수가 필요할 경우를 대비해서 생산 업체와의 계약 조건, 절차, 비용 분담 등에 관한 사전 합의가 중요하다. 그 외에도 공급망 차질이나 원자재 가격 변동 등 불가항력적 사건에 대한 대처 방안을 마련해 두면 위기 상황에서도 신속하게 대응할 수 있다. 보드게임을 성공적으로 시장에 내놓기 위해서는 양산 후 관리까지 꼼꼼하게 진행해야 한다. 이는 단순히 제품을 제작하는 과정이 아니라, 장기적으로 고객 신뢰를 구축하는 필수적인 절차이기도 하다.

보드게임을 제작하는
사소하지만 확실한
노하우

명작 보드게임의 비밀, 많이 해 본 사람이 잘 만든다

좋은 보드게임을 만들기 위해 가장 먼저 해야 할 일은 무엇일까? 창의적인 아이디어를 떠올리는 것일까 아니면 기존 게임과 차별화된 콘셉트를 구상하는 것일까? 물론 이 두 가지도 모두 매우 중요 하지만 먼저 반드시 선행되어야 할 일이 있다. 그것은 바로 보드게임을 많이 해보는 것이다.

만약 보드게임을 별로 즐기지 않는 사람이 게임을 만든다면 어떨까? 그 게임에는 왠지 모를 어색함이 묻어날 것이다. 규칙이 지나치게 복잡하거나 게임 흐름이 자연스럽지 않고 기존에 있던 게임들과 큰 차별이 없는 등 다양한 이유가 있을 것이다. 이유는 단순하다. 어떤 요소가 재미를 이끄는지 체감한 적이 없기 때문이다.

반면 다양한 게임을 해 본 사람은 이미 경험을 통해 여러 장르의 시스템을 이해하고 있다. 대부분의 유명한 보드게임 작가들은 보드게임을 깊이 사랑하는 애호가이기도 하다. 그리고 이들은 단순히 게임을 즐기는 데 그치지 않는다. 수백 개에서 수천 개에 이르는 다양한 보드게임을 직접 플레이하며 자신만의 감각을 기른다. 왜 재미있는지, 어떤 메커니즘이 플레이어를 몰입하게 만드는지, 이 게임의 규칙은 어떻게 짜여 있는지를 세심하게 분석한다. 그렇게 쌓인 경험과 분석들을 활용해 자연스럽고 몰입감 있는 게임을 기획할 수 있는 것이다.

또한 많은 게임을 플레이하다 보면 자신도 모르게 게임의 구조와 패턴이 머릿속에 자리 잡는다. 어떤 흐름이 플레이어를 집중시키는지, 어떤 규칙이 이해를 방해하는지, 어떤 요소가 반복 플레이를 유도하는지를 본능적으로 알게 된다. 나아가 자신이 재미있게 느꼈던 요소들을 새로운 아이디어로 재조합 하거나 확장 시킬 수 있는 능력도 생긴다. 이런 능력은 창의적인 게임을 만들기 위한 가장 강력한 기반이 된다.

결국 좋은 보드게임을 만들고 싶다면, 먼저 훌륭한 플레이어가 되어야 한다. 많이 해 보고 분석하고 연구하는 것. 그것이야말로 보드게임 개발의 진정한 첫걸음이다. 게임을 즐기는 순간부터 이미 보드게임 작가로서의 여정은 시작된 것이다. 앞서 간단히 설명한 것 말고도, 보드게임 작가가 게임을 즐기며 얻을 수 있는 것은 정말 많다. 하지만 그중에서도 핵심적인 다섯 가지를 꼽아보자면 다음과 같다.

첫 번째는 게임 메커니즘을 이해하고 배우기 쉬워진다는 점이다. 보드게임에는 덱 빌딩, 블러핑, 엔진 빌딩, 셋 컬렉션 등 수많은 메커니즘이 있으며, 각기 다른 방식으로 전개된다. 책이나 영상으로 이론적인 개념을 익힐 수는 있지만 실제로 플레이하지 않으면 그 차이를 체감하기 어렵다.

예를 들어, 《도미니언Dominion》을 경험한 사람은 덱 빌딩의 재미와 전략적 선택의 중요성을 알게 되고, 《카탄Catan》을 해본 사람은 자원 교환과 확장의 균형이 플레이어 간 상호 작용에 얼마나 큰 영향을 주는지 깨닫는다. 또 《러브레터Love Letter》에서는 블러핑이 단순히 거짓말을 하는 것이 아니라 심리전과 눈치 싸움이 결합된 전략이라는 것을 알게 된다. 다양한 게임 경험은 곧 안목으로 이어진다. 어떤 메커니즘을 도입할지, 그것이 플레이어에게 어떤 경험과 즐거움을 줄 수 있을지 판단하는 힘이 생기는 것이다.

두 번째는 게임 내 밸런스를 조절하는 감각을 기를 수 있다는 점이다. 게임 내 밸런스는 게임의 수명을 좌우하는 핵심 요소다. 특정 전략이 지나치게 강하거나, 시작 위치나 역할 때문에 특정 플레이어가 항상 유리하다면 반복 플레이가 어렵다. 그러나 흥미로운 사실은 완벽한 균형이 반드시 재미를 의미하지는 않는다는 것이다. 오히려 일부러

약간의 불균형을 설계함으로써 플레이어가 도전하거나 극복하는 재미를 느끼게 할 수도 있다. 이런 재미있는 불균형과 지루한 불균형을 구별하려면 다양한 게임을 직접 하면서 그 구조를 이해해야 한다.

예를 들어, 《스플렌더 Splendor》에서는 초반에 비효율적으로 보이는 카드 조합이 후반에는 강력한 전략으로 바뀌기도 한다. 불리했던 조건이 유리하게 바뀌는 이 전환점을 파악하고 전략을 바꾸는 과정에서 이루어지는 판단이 이 게임의 큰 매력이다. 《7원더스 7Wonders》처럼 다양한 승리 전략이 공존하는 게임은 각 전략이 균형을 이루면서도 매 게임 다른 양상을 만들어 내도록 설계되어 있다.

밸런스를 단순히 수치 맞추기나 승률 통제로만 생각하면 곤란하다. 게임의 흐름 속에서 어떤 전략이 언제 빛을 발하는지, 또 어떤 제약이 있어야 게임이 과도해지지 않는지 스스로 체득해야 한다. 수많은 게임을 하면서 "왜 이 전략은 강력한데도 지루하지 않은가?", "왜 이 게임은 반복할수록 균형이 무너지는가?"를 고민하는 것이 감각을 키우는 길이다.

세 번째는 플레이어의 입장에서 게임을 바라보게 된다는 점이다. 좋은 보드게임은 단순히 규칙이 잘 짜여 있다고 해서 완성되지 않는다. 플레이어가 느끼는 몰입감과 흐름이 자연스러운지가 좋은 보드게임의 핵심이다. 게임을 하다가 "왜 이걸 지금 해야 하지?", "왜 이렇게 기다리는 시간이 길지?"라는 생각이 들면 그 게임은 이미 몰입의 끈을 놓친 것이다. 반대로 시간 가는 줄 모르고 몰입하게 만드는 게임은 흐름 설계가 탁월하다는 증거다.

흐름 설계를 잘하려면 다양한 게임을 직접 해 보며 "이 게임의 어떤 점이 편하고 불편했는가?", "이 흐름이 왜 재미있게 느껴졌을까?" 같은 질문을 스스로 던져야 한다. 실제로 플레이하면서 지루한 구간, 애매한 규칙, 지나치게 복잡한 메커니즘 등을 경험해 보면 게임을 설계할 때 더 나은 방향으로 개발할 수 있다. 특히 초보자와 함께 진행할 때 느껴지는 직관성이나 진입 장벽 등은 게임의 대중성과도 직결된다. 따라서 플레이어의 입장에서 게임을 많이 즐길수록 감각을 쉽게 익힐 수 있을 것이다.

네 번째는 최신 트렌드를 읽을 수 있다는 점이다. 보드게임도 다른 문화 콘텐츠처럼 시대가 바뀌면 모습도 달라진다. 취향과 생활 양식, 유통 환경, 사회 분위기까지 모두 영향을 받는다. 과거에는 복잡하고 깊이 있는 유로게임이 인기를 끌었지만, 최근에는 누구나 쉽게 배우고 빠르게 즐길 수 있는 라이트 전략 게임이나 가족·파티 게임이 대세다. 디지털 환경에 익숙한 세대가 늘면서 짧은 시간 안에 집중할 수 있는 게임이 더 각광받고 있다.

트렌드는 정체되지 않고 변화한다. 롤 앤 라이트, 협력 게임, 캠페인 게임 등도 시대에 따라 주기가 달라져 왔다. 이러한 변화를 감지하려면 최신 게임을 직접 접하고 플레이하는 것이 중요하다. 또 킥스타터, 텀블벅 같은 크라우드 펀딩 플랫폼이나 보드게임긱BoardGameGeek과 같은 사이트를 통해 어떤 게임이 주목받는지 지속적으로 살펴보아야 한다. 좋은 게임을 만들려면 지금 시대의 플레이어가 무엇을 원하는지를 정확히 아는 것이 핵심이다.

마지막 다섯 번째는 창의력을 키울 수 있다는 점이다. 보드게임 창작에서 가장 큰 과제는 "어떻게 새롭고 흥미로운 게임을 만들 것인가"이다. 창의력은 그에 대한 해답이다. 보드게임을 개발하는 데 필요한 창의력은 단순히 머릿속에서 기발한 아이디어를 짜내는 능력이 아니다. 보드게임을 개발하는 데 필요한 창의력은 특히 보드게임처럼 수많은 메커니즘과 테마가 존재하는 세계에서는 많이 해 본 사람이 더 참신한 조합과 새로운 접근을 시도할 수 있다. 다양한 게임 경험이 많은 사람은 메커니즘 간의 연결성, 테마와 시스템의 어울림, 전략과 흐름의 균형 등에 대한 감각적인 이해를 갖게 된다. "이런 시스템은 이 테마와 잘 맞겠다", "이런 메커니즘을 반대로 사용해 보면 어떨까?"처럼 창의적인 발상이 자연스럽게 떠오르는 것이다.

창작은 결국 아는 것들의 새로운 연결이다. 아는 것이 많을수록 조합도 무한하다. 따라서 전략 게임뿐 아니라 파티, 추리, 협력, 어린이 게임까지 두루 경험하며 사고를 넓히는 것이 중요하다. 장르마다 강조하는 재미의 포인트가 다르기 때문이다. 창의력은 경험의 깊이와 넓이에서 시작된다. 새로운 게임을 꿈꾼다면 먼저 다양한 보드게임과 친해지는 것이야말로 가장 현실적인 방법이다.

결국, 보드게임을 잘 만들고 싶다면 먼저 훌륭한 플레이어가 되어야 한다. 많이 해 보고, 분석하고, 기록하고, 연구하는 과정을 통해 더 나은 게임이 탄생한다. 주사위를 굴리고, 카드를 뽑고, 상대의 전략을 예측하며 고민하는 그 순간들이 바로 보드게임 작가로 성장하는 공부의 시간이다. 창작은 결코 책상 앞에서만 이루어지지 않는다. 테이블 위에서 펼쳐지는 수많은 보드게임 플레이 경험 속에서 더 깊이 있고 더 재미있는 게임이 태어난다.

혼자 만드는 보드게임은 반쪽짜리다

이미 수 없이 반복해서 이야기 하지만 보드게임 개발은 단순히 기발한 아이디어만으로 완성되지 않는다. 게임의 규칙을 정하고 메커니즘을 조율하며 실제 플레이를 통해 밸런스를 맞추는 과정이 반드시 필요하다. 이 과정에서 가장 큰 걸림돌은 작가의 객관성 부족이다. 게임을 구상하다 보면 예상치 못한 문제들이 발생하는데 혼자 하다 보면 이런 문제를 발견하지 못하는 경우가 많다. 스스로 만든 시스템을 지나치게 긍정적으로 평가하기 쉽기 때문이다. 그렇기에 테스트가 중요한 것이다. 작가의 머릿속에서는 모든 흐름이 완벽하게 보일 수 있지만 막상 다른 사람이 플레이하면 엉뚱한 방식으로 해석하거나 의도하지 않은 플레이가 나타나기도 한다.

테스트를 도와줄 많은 사람들을 만날 수 있는 방법이 있다. 바로 보드게임 동호회나 작가 모임에 참여하고 교류하는 것이다. 보드게임 동호회나 작가 모임은 단순히 테스트 플레이를 위한 자리가 아니다. 이곳은 서로의 아이디어를 나누고, 게임을 함께 즐기며 새로운 영감을 얻을 수 있는 실험실이다. 같은 취향을 가진 사람들과 어울리다 보면 혼자서는 떠올리기 어려운 관점과 해법을 접하게 되고 그 과정에서 자연스럽게 게임을 더 넓은 시각에서 바라보게 된다.

동호회나 모임 활동의 또 다른 장점은 보드게임 시장의 트렌드를 읽을 수 있다는 점이다. 어떤 게임이 요즘 인기 있는지, 어떤 메커니즘이 호응을 얻고 있는지, 사람들이 어떤 테마에 끌리는지를 자연스럽게 파악할 수 있다. 또, 다른 작가들의 작품을 직접 플레이하며 그들이 시도한 구조나 장치를 관찰할 수 있다. 다른 작가들의 아이디어를 훔치라는 것은 아니다. 다만, 다양한 아이디어는 곧 게임에 적용할 수 있는 인사이트로 이어지기 때문에 다양한 게임을 접하고 비교하며 자신의 기준을 세워가는 것이 중요하다.

보드게임 모임은 네트워킹의 공간이기도 하다. 이곳에는 게임 작가뿐 아니라 일러스트레이터, 퍼블리셔, 크라우드펀딩 전문가, 교육 관계자 등 보드게임 산업과 연결된 다양한 사람들이 모인다. 그래서 단순한 친목을 넘어 실제 프로젝트로 이어지는 경우도 많다. 출판을 원할 때 퍼블리셔를 소개받기도 하고, 디자인을 맡을 일러스트 작가를 만날 수도 있으며, 크라우드펀딩을 함께 기획하는 협업으로 발전하기도 한다.

또한 테스트 자체가 하나의 마케팅 효과가 되기도 한다. 함께 게임을 즐긴 사람들이 자연스럽게 입소문을 내고, SNS를 통해 소개하는 경우도 적지 않다. 실제로 《스플렌더 Splendor》는 출시 전 프랑스의 보드게임 동호회에서 꾸준히 플레이되며 인지도를 쌓았다. 그 결과 정식 발매와 동시에 전 세계적인 인기를 끌며 베스트셀러가 되었다. 좋은 반응을 얻는다면 정식 출시 전부터 팬층이 형성되어 마케팅 비용을 크게 줄일 수도 있다.

그렇다면 보드게임 모임에는 어떻게 참여할 수 있을까? 방법은 의외로 간단하다. 온라인 커뮤니티나 앱에서 '보드게임', '보드게임 테스트' 등을 검색하면 다양한 모임을 찾을 수 있다. 초보자부터 숙련자까지 폭넓은 사람들이 활동하기 때문에 처음이라고 주저하지 말고 나에게 맞는 모임을 찾으면 된다. 그리고 오히려 여러 배경의 참가자가 모일수록 더 풍성한 테스트 환경이 만들어진다.

특히 꼭 추천하고 싶은 곳이 있다. 바로 한국 보드게임 작가협회 KTDA다. 이곳에는 국내에서 활동하는 많은 보드게임 작가가 속해 있으며, 정기적인 테스트 모임은 물론 강의, 행사 참여 등 다양한 기회를 제공한다. 협회의 모토는 서로의 게임을 테스트하고 피드백을 주며 함께 성장하는 것이다. 다만 이곳은 단순히 체험하는 자리가 아니라 내 작품을 테스트하는 상호 작용의 장이기 때문에 시제품을 하나 이상 준비해야 참여할 수 있다.

마지막으로 기억해야 할 중요한 팁이 있다. 한 모임에만 의존하지 말고 다양한 모임을 경험하라는 것이다. 같은 장소, 같은 사람들과만 테스트하다 보면 피드백이 한정되기 쉽다. 다른 연령대, 다른 취향, 다른 배경을 가진 사람들과의 만남은 훨씬 더 풍부한 데이터를 제공한다. 그만큼 게임도 단단해진다.

게임은 머릿속에서만 완성되지 않는다. 수많은 피드백을 반영하고 반복적인 테스트를 거쳐야 진짜 완성도 높은 작품이 탄생한다. 성공하는 보드게임은 혼자가 아닌 함께 만들어지는 것이다. 보드게임은 책상 위에서 끝나는 작업물이 아니라 사람들 사이에서 살아 움직이는 예술이다. 플레이어의 손끝과 말 한마디 속에서 생명을 얻는다. 그러니 모임에 나가라. 테스트하고, 듣고, 배우고, 교류하라. 그 속에 보드게임 작가로서의 다음 단계가 있다.

좋은 게임은 그냥 나오지 않는다, 보드게임 창작자의 필수 습관

보드게임을 만들고 싶은 사람이라면 한 번쯤 기발한 아이디어가 떠올라 흥분했던 경험이 있을 것이다. 하지만 아이디어란 물처럼 흐르는 존재라 샤워 중에 떠오른 멋진 게임 콘셉트나 아침 출근길에 번뜩 떠오른 독창적인 규칙도 제대로 기록하지 않으면 금세 사라지고 만다. 게다가 순간 떠오른 아이디어를 노트에 간략하게 메모해 두었다고 하더라고 깔끔하게 정리해 두지 않으면 막상 개발을 시작했을 때 내용이 복잡해져서 방향을 잃기 쉽다. 나도 그렇게 잃어버린 아이디어들이 수두룩하다.

아무리 좋은 아이디어라도 기억하지 못하면 의미가 없다. 보드게임을 만드는 많은 사람이 놓치는 부분이 바로 이것이다. 머릿속에선 분명히 멋진 구상이 완성되었지만 막상 책상 앞에 앉았을 땐 아무것도 떠오르지 않는다. 그렇게 새로운 가능성을 놓치고 비효율적으로 반복해서 같은 고민을 하게 된다. 또한 노트에 적지 않고 머릿속에만 남아 있는 아이디어는 객관적으로 검토하거나 발전시키기 어렵기 때문에 실행으로 옮길 힘을 잃는다.

아이디어를 떠올리고 실행에 옮기지 못했던 경험은 누구나 한 번쯤 있을 것이다. 이런 경험을 반복하지 않고 아이디어를 내 것으로 만들기 위해 중요한 것은 기록하고 관리하는 습관을 들이는 것이다. 이 단순하지만 꾸준한 습관이야말로 수십 개의 프로젝트를 완성으로 이끄는 가장 실용적인 무기다. 명심하자, 좋은 보드게임은 지속적으로 정리되고 개선된 아이디어에서 만들어진다. 그렇다면 어떻게 아이디어를 정리하고 발전시킬 수 있을까?

아이디어는 어느 한 자리에서 생각하고 구상하면서 떠오르기도 하지만, 정해 놓지 않은 시간과 공간에서 갑작스럽게 떠오르기도 한다. 이런 아이디어는 그 순간에는 명확하게 느껴질지라도 시간이 지날수록 잊혀진다. 가장 좋은 방법은 떠오른 즉시 메모하는 것이다. 너무 당연한 이야기지만 지키지 못하는 사람이 많다. 아이디어가 떠올랐다면 휴대폰 메모장이든 종이 조각이든 그 즉시 간단한 키워드와 설명을 함께 적어두자. 그렇게 내 메모장에서는 수백 개의 아이디어가 적혀있다.

만약 손을 사용할 수 없는 상황이라면 어떨까? 이 전에도 말했듯이 아이디어는 언제 어디서 생각날지 모른다. 애석하게도 나는 특히 운전할 때 좋은 아이디어가 떠오른다. 운전 중에 휴대폰에 옮겨 적을 수 없어서 처음에는 이런 아이디어들을 많이 놓치곤 했다. 하지만 지금은 스마트폰에게 말을 걸어 내가 생각한 아이디어를 녹음한다. 일단 생각나는 것을 다 녹음한다. 이렇게 녹음된 아이디어는 언제 어디서 사용될지 모르지만 귀한 아이디어를 날려보내는 것보다 낫다. 요즘은 녹음 파일이 단순히 음성으로만 남지 않는다. AI가 알아서 글로 정리해 메모장에 담아주니, 다른 일을 하다가 떠오른 생각도 바로 기록해 둘 수 있다. 노트나 메모 앱, 음성 녹음 등으로 짧게라도 적어 두면, 나중에 아이디어를 정리할 때 큰 도움이 된다.

아이디어 수집 다음으로 해야할 일은 아이디어를 정리하는 과정이다. 날 것의 아이디어를 파악하기 편하도록 구조화하는 것이다. 떠오른 아이디어를 테마, 메커니즘, 승리 조건 등 핵심 요소로 나누어 정리하면 게임의 기초가 되는 틀이 만들어진다. 이 단계에서 구체적으로 생각하기에는 무리가 있기 때문에 핵심 메커니즘만 생각해서 작성한다.

예를 들어 차 茶. tea를 만드는 보드게임을 생각했다고 하

자. 이 아이디어의 테마는 우리나라 전통 차를 만드는 찻집이 될 수 있다. 메커니즘은 차를 만들기 위한 재료 수집 메커니즘을 사용할 수 있을 것이다. 또 승리 조건은 여러 잔의 차를 만든 플레이어가 승리하는 것으로 정할 수 있다. 이런 식으로 간단하게 정리해 놓으면 언제든지 이 아이디어를 다시 꺼내 기획의 살을 붙일 수 있다.

순간적으로 떠오른 단순한 아이디어라도 뼈대를 갖추고 차근차근 정리하다보면 점점 구체화 된다. 이 과정에서 다른 창작자와 짧게라도 의견을 주고받으면 아이디어는 한 단계 더 발전한다. 이렇게 정리된 생각들은 곧 프로젝트로 이어질 수 있는 작은 씨앗이 된다. 필요하다면 간단한 도식이나 다이어그램으로 시각화해 두면 이해하기도, 공유하기도 편하다. 이렇게 모인 아이디어들은 결국 나만의 작은 아카이브가 된다.

아이디어를 정리하는 것만큼 중요한 것이 하나 더 있다. 바로 정리된 아이디어를 관리하는 일이다. 나는 보통 일주일이나 한 달 단위로 아이디어를 점검하며 버릴 것은 버리고 발전할 것은 초기 아이디어를 한 번 더 읽어보거나 발전시키는 편이다. 그렇게 하지 않으면 아이디어가 방만하게 흩어져 정리하는 데만 며칠씩 걸리게 된다. 이러나 저러나 보드게임 개발은 아이디어로부터 시작된다. 초기 아이디어를 어떻게 발전시키고 얼마나 자기 것으로 소화하느냐에 따라 완성된 게임의 모습은 달라진다. 작은 메모 하나가 세상을 뒤흔드는 보드게임이 될 수도 있다.

밸런스 저울을 평등하게 만드는 방법

게임을 시작하기도 전에 승자가 정해져 있다면 그 게임은 과연 재미있을 수 있을까? 밸런스가 무너진 보드게임은 플레이어들에게 공정한 경쟁의 기회를 주지 못한다. 특정 전략이 지나치게 강하거나 운의 요소가 과도하게 작용해 노력이 물거품이 된다면, 플레이어는 흥미를 잃어 다시 하고 싶지 않을 것이다. 그렇기에 보드게임 개발에서 중요한 요소 중 하나가 바로 밸런스를 맞추는 것이다.

밸런스란 플레이어 간의 공정한 경쟁이 가능하도록 요소들이 조화를 이루는 상태를 말한다. 단순히 승패를 가르는 균형이 아니라, 모든 플레이어가 게임 내내 선택과 결과를 납득할 수 있도록 만드는 장치다. 잘 설계된 밸런스는 불확실성과 전략 사이의 긴장감을 유지하며, 게임이 끝날 때까지 플레이어가 포기하지 않고 몰입할 수 있도록 한다. 아무리 기획이 뛰어나고 흥미로운 게임이라도 밸런스가 무너져 있다면 반드시 수정해야 한다.

밸런스는 크게 점수, 자원 효과처럼 수치 기반의 균형을 의미하는 정량적 밸런스와, 선택지의 매력이나 전략의 다양성처럼 체감 기반의 정성적 밸런스로 나눌 수 있다. 좋은 밸런스를 갖춘 게임은 다양한 전략이 유효하게 작동하고, 어느 한쪽이 지나치게 유리하거나 불리하지 않도록 설계된 게임이다. 그리고 밸런스가 중요한 또 한가지 이유는, 계속해서 플레이어의 새로운 도전을 이끌어 낸다는 점에 있다. 다시 해보고 싶고, 더 잘 해보고 싶은 욕구를 자극하는 게임은 결국 수명이 늘어나며, 기억에서 절대 잊혀지지 않는 게임이 될 것이다. 이를 위해 고려해야 할 밸런스 핵심 조건은 크게 세 가지다.

첫 번째는 승리 전략의 다양성이다. 하나의 전략만이 압도적으로 강하고 반복적으로 승리를 가져온다면 플레이어들은 다른 전략을 탐구할 의지를 잃게 되고, 역전의 기회를 기다리거나 설계하지 않을 것이다. 그리고 자연스럽게 단조롭고 예측 가능한, 쉽게 말해 '또 할 정도는 아닌' 게임이 된다. 반대로 각각의 상황과 상호 작용에 따라 전략의 승리 가능성이 유동적으로 변화한다면 게임이 훨씬 풍부해지고 리플레이성이 높아진다.

두 번째는 첫 플레이어와 후발 주자 간의 격차 조정이다. 턴 순서에서 발생하는 유불리는 대부분의 보드게임에서 자연스럽게 나타난다. 그러나 그 차이가 과하면 공정성이 깨지기 때문에 이를 보완하기 위해 후발 주자에게 추가 자원을 주거나 점수 보정을 넣는 방식이 필요하다. 특히 짧은 게임일수록 턴 순서의 영향이 크므로 완벽한 밸런스를 위해서 세심하게 조정할 필요가 있다.

　세 번째는 카드, 자원, 역할 간의 능력치다. 특정 카드나 자원이 지나치게 강하면 플레이어들의 선택이 한쪽으로 쏠리게 되고, 게임의 다양성이 사라진다. 어떤 역할을 맡거나 특정 카드를 뽑는 것만으로 승패가 갈린다면 당연히 게임이 불공정하게 느껴지고, 특히 경쟁 게임에서는 치명적으로 작용할 수 있다. 패자는 게임 운영이 실력보다 운에 달려있다고 생각해 불만을 느끼고, 승자조차 허무함을 느낀다. 이런 상황에서는 전략적 사고와 선택의 의미가 사라지기 때문에 플레이어들을 결국 다른 게임을 찾게 된다. 역할이 나뉘는 게임에서는 모든 역할이 각기 다른 방식으로 강점을 가져야 하며, 어느 하나가 항상 우월하지 않도록 설계해야 한다. 좋은 밸런스를 갖춘 게임은 단순히 공정한 게임을 넘어서 플레이어가 새로운 도전을 하게 한다. 그리고 그

도전은 결국 보드게임의 재미를 결정짓는 핵심이 된다.

이 같은 문제를 막기 위해서는 개발 초기부터 밸런스를 고려해야 한다. 일반적으로 밸런스를 맞추는 과정은 수치 조정 〉반복 테스트 〉피드백 반영의 순서를 따른다. 우선 자원, 카드 효과, 행동 비용 등의 기본 수치를 설정하고 이론적 계산을 통해 가치가 합리적인지 따진다. 이후 밸런스 시트를 만들어 가상의 시뮬레이션을 돌려보는 것도 도움이 된다. 반복 플레이 단계에서는 다양한 스타일의 테스터들과 여러 차례 플레이 하면서 승리 전략, 무의미한 행동, 불균형 요소를 찾아낸다. 단순히 점수 차이만 보는 것이 아니라, 플레이어의 선택 빈도나 흐름의 정체 구간 등을 관찰해야 한다. 마지막으로 피드백을 반영한다. 수치적으로는 균형 잡혀 있어도 플레이어들이 체감하기에 불공정하게 느껴지는 요소가 있다면 반드시 조정해야 한다. 이런 심리적 밸런스까지 반영할 때 비로소 완성도 높은 게임이 된다.

밸런스를 조정할 때 주의해야 할 점이 있다. 감각이나 직관에만 의존해서는 안 된다는 것이다. 체계적인 밸런스를 위해서는 실전적으로 활용할 수 있는 체계적인 방법이 필요하다. 대표적으로 수치 시뮬레이션, 자원 교환 비율, 밸런스 차트가 있다.

수치 시뮬레이션은 게임의 각 요소를 수치화해 확률, 기대값, 효율을 계산하는 방식이다. 예를 들어 카드 한 장을 사용하는 데 필요한 자원의 개수 대비 카드의 효과가 적절한지, 자원 개수에 따라 효과가 달라지는지 계산하거나 특정 전략이 평균적으로 몇 점을 만들어내는지 수치로 계산하는 것이다

자원 교환 비율은 게임 내 자원 간의 교환 가치를 비교하는 방식이다. 가령 금 1＝목재 2＝식량 3이라는 기준 비율을 정해두고, 특정 자원이 지나치게 유리하거나 불리하지 않은지 판별하는 것이다.

밸런스 차트는 카드, 캐릭터, 전략 등이 게임에 미치는 영향력을 표로 정리해 시각화하는 것이다. 각각의 요소가 승리에 얼마나 기여하는지, 선택률은 어떤지, 게임 흐름에 끼치는 영향을 확인하며 지나치게 강한 카드나 무시되는 전략을 식별할 수 있다. 이런 과정을 통해 게임의 밸런스를 보다 정교하게 다듬을 수 있다.

그러나 보드게임에서 완벽한 밸런스를 추구하는 것이 항상 정답은 아니다. 모든 것이 똑같이 공평할 때 오히려 재미가 줄어들기도 한다. 때로는 완벽한 대칭보다도 '공정하다고 느껴지는 비대칭'이 더 중요할 때도 있다. 불공평하다는

인식 없이 다양한 전략이 공존하는 상태, 그것이 바로 이상적인 밸런스다. 이 점을 노리고 작가가 의도적으로 균형을 흔드는 경우가 있다. 이를 '의도된 치우침'이라 부른다. 약간의 불균형을 남겨두면 게임의 서사와 감정 곡선이 훨씬 풍부해진다. 예를 들어 누군가가 초반에 크게 앞서 나갈 때 나머지 플레이어들이 힘을 합쳐 견제하며 만들어내는 역전의 드라마는 완벽한 대칭 구조에서는 나오기 어렵다. 우연, 불완전함이 결합될 때 게임은 더 생동감 있게 흐르고, 플레이어들은 단순한 수치 싸움이 아닌 살아 있는 사건과 관계 속에서 몰입하게 된다.

또한, 밸런스를 조절해 의도된 약자를 만들 수도 있다. 어떤 게임은 특정 캐릭터에 대해 단독 승리 조건이 어렵다는 것을 명시하는 경우가 있다. 이런 캐릭터는 운영하기 어렵고 초반에 약하다는 단점이 있지만 후반에 강력한 반전을 노릴 수 있게 설계되어 특정 플레이어들의 도전 욕구를 자극하게 한다. 플레이어는 그 캐릭터로 승리하기 위해 더 창의적인 전략을 생각하게 되고, 성공했을 때는 자신의 선택과 판단이 게임을 바꿨다는 만족감을 얻게 된다. 바로 이런 감정이 게임을 오래 기억하게 만든다. 작가의 의도 하에 만들어진 이러한 불균형은 단순한 밸런스 붕괴라고 할 수 없으며, 오히려 예술적 선택이 된다. 결국 완벽한 밸런스라는 것은 정확한 비율로 계산해 플레이어 별로 몫을 나눠 갖는 것이 아니다. 무게 추가 정신없이 움직이더라도 한 명의 플레이어도 배제되지 않고 게임이 유기적으로 움직이게 되는 것. 그것이 좋은 밸런스다.

보드게임에는 다양한 메커니즘이 있고 어떤 조합을 선택하느냐에 따라 규칙이 크게 달라지기 때문에 글만으로 완벽한 밸런스를 잡기는 어려울 수 있다. 결국 여러 번 테스트하며 직접 조정해 보는 것이 가장 확실한 방법이다. 아래에 테스트 시 고려해 볼 만한 조정 방안을 정리해 두었으니 참고해서 황금 밸런스를 찾길 바란다.

밸런스 문제	해결 방안
강한 카드	비용을 높이거나 효과를 약하게
약한 카드	비용을 낮추거나 효과를 강하게
운이 너무 큰 게임	결정에 개입할 수 있는 요소 추가
운 요소가 너무 적어 실력 차가 고정	적당한 반전이나 변동성 요소 추가
특정 행동만 반복	행동 제한이나 조건 추가
자주 선택되는 전략	대처 수단이나 카운터 전략 추가
게임 초반이 지나치게 중요	후반에 영향력 있는 요소 추가
무의미한 선택지	의미 있는 보상이나 변화를 부여
특정 인원 수에서의 밸런스 무너짐	인원별 규칙 마련 ex) 3인 전용 규칙
리더 견제가 심함	리더에게 견제 방어 수단 제공

한 실수가 가르쳐 준 책임의 무게와 법률 이야기

내가 처음으로 보드게임을 개발했을 때 겪었던 일이 있다. 사실은 숨기고 싶은 이야기지만, 굳이 꺼내는 이유는 이 책을 읽는 예비 보드게임 작가들에게 작은 조언이 되었으면 하기 때문이다. 나와 같은 실수를 반복하지 않기를 바라는 마음이다.

독립운동가 마피아 보드게임 《코레아우라》의 크라우드 펀딩을 진행하면서 생긴 일이었다. 펀딩은 시작하자마자 많은 후원자를 모으며 순조롭게 흘러갔다. 기쁘고 감사한 마음으로 들떠 있던 그때, 한 통의 장문의 메일과 쪽지를 받았다. 내용은 충격적이었다. 게임 속 밀정 캐릭터의 일러스트가 실제 독립운동가를 모델로 한 것이 아니냐는 지적이었다. 확인해 보니 일러스트레이터가 가상의 인물로 밀정을 그리기 위해 참고한 옛 사진이 하필 독립운동가의 초상이었던 것이다. 게임을 발매하겠다는 욕심 때문에 제대로 확인하지 못한 나의 잘못이었다. 자료를 더 꼼꼼히 검증했어야 했는데 그러지 못한 것이다. 후원자와 독립운동가 후손들에게 죄송한 마음뿐이었다. 나는 곧바로 모든 잘못된 제품을 폐기하고 사과문을 올린 뒤, 수정판을 다시 제작해 출시했다. 그러나 사회는 냉정했다. 사건은 기사화되었고, 독립운동기념관 입점 제안도 취소되었다. 이후에도 여러 사업에서 이 일이 발목을 잡았다.

그럼에도 코레아우라를 끝내 출시한 이유가 있다. 나를 믿어주는 사람들이 있었기 때문이다. 교육계 종사자분들로부터 사건에 대해 종종 질문을 받았고, 그때마다 솔직하게 이야기했다. 그리고 돌아온 대답은 의외였다. "그럼에도 이런 보드게임을 만들어 주셔서 감사합니다." 그 말을 듣는 순간 눈물이 났다. 논란이 있었지만 누군가에게는 도움이 되는 게임이 되었다는 사실이 나를 다시 일어서게 했다. 덕분에 코레아우라는 1쇄와 2쇄가 모두 완판되었고, 지금은 리뉴얼 작업을 진행 중이다.

이 사건은 나에게 보드게임 제작 시 반드시 법적 책임과 주의 사항을 인식해야 한다는 교훈을 주었다. 캐릭터, 배경, 이미지 하나하나가 역사적 맥락 속에서 얼마나 민감하게 작용할 수 있는지를 직접 체감했다. 그때부터 나는 지식재산권에 대해 본격적으로 공부하기 시작했다.

지식 재산권은 단순히 아이디어를 지키는 장치가 아니라, 누군가에게 상처를 주지 않기 위한 최소한의 장치이기도 하다. 그중 저작권은 인간의 사상이나 감정을 표현한 창작물에 대해 창작자에게 주어지는 권리다. 소설, 시, 음악, 미술, 영화, 연극, 컴퓨터 프로그램 등 다양한 창작물이 이에 포함되며, 별도의 등록 절차 없이 창작과 동시에 발생한다. 따라서 보드게임의 경우에는 개발을 마치고 출시하는 순간부터 저작권이 발생한다.

　그렇다면 보드게임의 핵심인 규칙은 저작권 보호를 받을 수 있을까? 아쉽게도 답은 "보호받기 어렵다"이다. 보드게임 규칙은 대부분 기존 메커니즘을 변형한 것이라 단순한 구조만으로는 보호가 힘들다. 법적 보호를 받으려면 규칙을 설명하는 텍스트의 표현이나 독창적인 구성이 필요하지만, 이 역시 쉽지 않다. 그래서 일부 작가들은 특허를 고려하기도 한다.

　하지만 특허 역시 간단하지 않다. 게임 규칙이나 순서, 방식이 지나치게 일반적이거나 누구나 생각할 수 있는 수준이라면 특허청은 등록을 인정하지 않는다. 기술적 창의성과 산업적 활용성이 입증되어야만 가능하다. 예외적으로 미국의 《매직: 더 개더링 Magic: The Gathering》은 게임 방식 전체를 특허로 등록한 사례가 있지만, 이는 막대한 자금과 시간이 투입된 특별한 경우였다. 국내에서는 보드게임 규칙만으로 특허를 받은 사례가 극히 드물다. 실제로는 법적 보호보다는 마케팅 도구나 경쟁사 견제 수단으로 활용되는 경우가 많다.

정리하자면, 저작권은 창작물의 표현을 보호하고, 특허는 발명을 공개하는 대가로 독점적 권리를 주는 제도다. 보드게임의 규칙은 법적으로 완벽히 지켜지기 어렵지만, 창작자는 저작권과 특허의 차이를 이해하고, 그 한계 안에서 책임감을 갖고 게임을 만들어야 한다. 그것이 내가 큰 실수를 통해 배운 값진 교훈이었다.

표를 보면 알 수 있듯, 저작권은 창작물의 표현을 보호하며 창작과 동시에 자동으로 발생한다. 인격권과 재산권으로 구성되어 창작자의 권리를 폭넓게 보장한다. 반면 특허는 발명의 기술적 내용을 보호하며 반드시 출원과 등록 절차가 필요하고, 일정 기간 동안 독점적 권리를 부여한다. 저작권이 문화, 예술적 창작을, 특허가 기술적 혁신을 각각 보호하는 대표적인 지식 재산권인 셈이다.

보드게임 개발과 제작은 여러 사람의 협업을 전제로 이루어지는 경우가 많다. 게임 작가, 일러스트레이터, 퍼블리셔 등 다양한 주체가 관여한다. 그렇다면 법적 권리는 누구에게 귀속될까? 원칙적으로 창작물의 저작권은 창작자에게 있다. 하지만 실무에서는 계약을 통해 권리를 명확히 하는 것이 일반적이다.

예를 들어, 일러스트를 외주로 맡겼는데 저작권 양도 계약을 하지 않았다면 해당 일러스트의 권리는 여전히 일러스트레이터에게 있다. 이 경우 보드게임에 사용된 그림을 다른 제품이나 2차 제작물에 활용하려면 반드시 일러스트레이터의 동의를 다시 받아야 한다. 또 다른 사례로 게임 아이디어와 기획은 작가가 담당했지만 개발과 유통은 퍼블리셔가 맡은 경우가 있다. 이때도 저작권 귀속과 수익 배분 방식을 계약서에 명확히 기재해야 분쟁을 예방할 수 있다.

결국 협업이 전제되는 보드게임 제작에서 가장 중요한 장치는 계약이다. 신뢰도 필요하지만, 권리와 의무를 문서로 남겨야만 안전하다. 보드게임은 예술성과 기획, 기술, 디자인이 융합된 복합 창작물이다. 그렇기 때문에 저작권, 특허, 상표, 디자인 등 여러 지식 재산권의 관점에서 이해하고 대비해야 한다. 이를 위해서는 아이디어를 기록으로 남기고, 메일, 파일, 규칙서에 날짜를 보존하는 습관도 중요하다. 보드게임은 창작물이다. 따라서 그 가치를 지키는 일 또한 작가의 중요한 책임이다.

구분	저작권	특허
보호 대상	창작물(문학, 예술, 음악, 소프트웨어 등)	발명 (신기술, 제품, 방법 등)
발생 시점	창작과 동시에 자동 발생	특허청에 출원, 심사 후 등록 시 발생
보호 요건	인간의 사상·감정의 창작적 표현	신규성, 진보성, 산업상 이용 가능성
보호 기간	저작자 생존 + 사후 70년	출원일로부터 20년
권리 성격	저작 인격권, 저작 재산권 (복제, 공연 등)	독점적 실시권 (생산, 사용, 판매, 수입 등)
등록 여부	등록 불필요 (일부 등록 가능)	등록 필수
목적	문화, 예술 창작 보호, 문화 발전	기술 발전, 산업 발전 촉진

게임을 빛내는
필수 전략

하나의 게임이 아니라, 하나의 세계를 만들어라

아무리 명작이라도 알려지지 않으면 존재하지 않는 것과 같다. 그 보드게임은 보드게임으로서의 본질적인 정체성을 잃은 것이다. 분명 재밌는 게임인데 왜 사람들은 사지 않을까? 바로 사람들이 이 게임이 존재하는 것을 모르기 때문이다. 알지도 못하는 게임을 사고 플레이할 수는 없는 노릇이다. 그래서 필요한 것은 홍보와 마케팅이다. 내가 만든 보드게임은 내가 가장 잘 알고 있다. 그렇기에 제작자가 직접 게임의 장점을 설명할 때 가장 설득력이 있다. 잘 알리기 위해서는 내 보드게임의 특징과 장점이 어떤 것이 있는지 파악하는 것도 중요하다. 만약 체계화 된 전략이 있다면 좀 더 가치있게 전달할 수 있을 것이다. 그 중 가장 중요한 것은 나만의 '브랜딩'이다. 어떤 사업을 하던지 다른 동종업계와 차별화되는 부분이 있어야 살아 남을 수 있다. 보드게임도 마찬가지다.

내가 운영하는 초이스의 브랜드 전략은 두 가지 핵심 요소로 이루어져 있다. 대한민국이라는 주제를 활용한다는 점과 환경을 고려한 구성물 사용이다. 한국을 주제로 삼을 경우 역사, 문화, 사회, 생태계 등 다양한 분야와 자연스럽게 연결되기 때문에 공공 기관과 교육 기관에서 활용 가치가 높아져 실제 판매로 이어지는 효과가 있었다. 또한 친환경 구성물을 사용하는 점은 환경 교육이나 지속 가능성 같은 분야와의 접점을 넓혀 브랜드의 신뢰도를 높여주었다. 이처럼 브랜드 전략은 단순한 로고나 이름을 넘어 브랜드가 어떤 가치를 추구하는지 분명히 드러내는 수단이며 결과적으로 플레이어 기억 속에 남는 힘을 만들어낸다.

보드게임에서 브랜드를 구성하는 요소는 크게 네 가지로 정리할 수 있다. 첫 번째는 세계관이다. 특정한 테마나 세계관을 반복적으로 활용하면 그것만으로도 브랜드가 떠오른다. 같은 시리즈가 아니더라도 유사한 세계관을 공유하는 게임들은 자연스럽게 연결된 느낌을 주며, 이는 브랜드 인지도를 높이는 데 기여한다.

두 번째는 일러스트와 디자인 스타일이다. 보드게임은 시각적 요소로 기억되는 경우가 많아 첫인상이 특히 중요하다. 일러스트, 색감, 폰트, 구성물의 형태 등은 곧 회사와 브랜드의 얼굴이며, 일관된 스타일은 브랜드 정체성을 강화한다. 플레이어는 이를 통해 디자인만 보고도 특정 브랜드를 떠올릴 수 있다.

세 번째는 브랜드가 추구하는 플레이 감각과 게임 철학이다. 빠르고 단순한 파티 게임을 지향할지, 깊은 사고를 요구하는 전략 게임을 선택할지, 혹은 독창적인 플레이 감각을 담을지는 분명한 컨셉으로 자리 잡아야 한다.

마지막으로, 작가의 스타성이다. 같은 디자이너의 작품이라는 사실만으로도 신뢰가 형성되며, 유명 작가의 경우 신작 발표 전부터 예약이 몰리기도 한다.

결국 보드게임 브랜드는 세계관, 시각적 정체성, 게임 철학, 그리고 작가라는 네 가지 힘이 결합될 때 완성된다. 이렇게 확립된 브랜드는 강력한 마케팅 자산이 된다. 브랜드 고유의 분위기와 콘셉트가 분명해지면 새 게임을 출시할 때마다 장황한 설명을 더하지 않아도 되고 인지도와 핵심 팬층이 형성되면 광고 비용 역시 크게 줄일 수 있다. 단한 판의 재미로 끝나는 게임이 아니라 다음 게임을 기다리게 만드는 힘. 그것이 바로 브랜드의 진정한 가치다.

다음으로 살펴볼 것은 브랜드를 탄탄하게 만드는 시리즈 전략이다. 시리즈란 단일 작품으로 끝나지 않고 확장판과 후속작을 통해 세계관을 넓혀가는 방식이다. 이는 게임을 단순한 일회성 제품에서 벗어나 지속적으로 진화하고 확장되는 콘텐츠로 전환시키는 전략이다.

성공적인 시리즈 전략은 단순히 후속작을 내놓는 것이 아니다. 하나의 브랜드 세계를 구축하고, 그 안에서 플레이어와 계속 소통할 수 있어야 한다. 전략적 측면에서도 시리즈는 장점이 상당하기 때문에 요즘 많은 보드게임이 회사들이 시리즈로 게임을 이어가고 있다. 그렇다면 시리즈화의 장점에는 어떤 것이 있을까.

우선 진입 장벽을 낮추고 팬층을 유지할 수 있다. 메인 게임이 다소 복잡하거나 가격대가 높으면 신규 유저가 쉽게 접근하지 못한다. 이때 메인 게임에서 파생 된 소형 게임이나 프리퀄 형태의 가볍게 즐길 수 있는 제품을 출시하면 자연스럽게 시리즈 전체로 유입된다. 기존 팬은 동일한 세계관, 규칙, 캐릭터를 공유하는 신작에도 애정을 느끼며 구매로 이어진다. 이 과정에서 단순한 팬층이 장기 고객으로 전환된다.

또 확장 팩을 통해 수익 구조를 안정적으로 다질 수 있다. 기본 게임을 즐겨했던 사람이라면 새로운 콘텐츠가 나올 때마다 관심을 갖고 볼 것이다. 확장 팩은 게임의 수명을 연장시키는 동시에 꾸준한 매출을 만들어낸다. 실제로 《도미니언》, 《카르카손》, 《카탄》 같은 대표작들은 10년 이상 다양한 확장 팩을 선보이며 판매를 이어가고 있다.

마지막으로 제작 효율성이 높아진다. 동일한 룰 시스템, 일러스트 스타일, 구성물을 반복 사용하면 개발 비용과 시간이 절감되고, 인쇄소나 제작 파트너와의 협업도 원활해진다. 이는 특히 소규모 제작사일수록 큰 이점이 된다.

시리즈를 만들고 키워나가는 것이 콘셉트가 거대하고 테마가 방대한 단일 게임을 판매하는 것만큼의 큰 판매 실적을 보여주지 못할 수 있다. 하지만 시리즈 전략은 한 개씩 쌓였을 때 브랜드 이미지가 확립된다는 점에서 브랜드 자산이라고 할 수 있다. 탄탄하게 만들어진 시리즈는 이후 출시되는 게임들의 기반이 되기도 하고 하나의 콘텐츠로 발전시킬 수 있는 시작이 되기도 한다.

실제로 나도 우리나라 역사 보드게임 시리즈를 기획하기 시작했다. 《코레아우라》의 성과를 토대로 시리즈를 결심한 것이다. 현재는 우리나라 삼국시대를 모티브로 한 보드게임 《한강》을 발매했으며, 이를 시작으로 단군신화, 고려, 조선, 일제강점기, 현대까지 어우르는 시리즈를 구상하고 개발하고 있다. 기존 《코레아우라》는 단일 작품으로 끝내지 않고 리뉴얼하여 역사 시리즈에 포함해 재출시할 계획이며, 《한강》 역시 《한강: 가야의 역습》 같은 확장판을 기획 중이다. 이렇게 같은 시리즈로 확장하면서 로고, 폰트,

규칙 일부, 세계관을 공유하면 브랜드로 자리 잡는다. 플레이어에게 "초이스의 역사 보드게임 시리즈는 믿고 살 수 있다"는 인식을 심어주는 것이 나의 목표다.

보드게임 작가와 퍼블리셔는 단일 게임을 만들 때부터 시리즈화 가능성을 고려해야 한다. 확장을 염두에 둔 구조 설계, 일관된 비주얼, 세계관과 철학적 정체성은 단순한 반복이 아닌 지속 가능한 브랜드 구축을 위한 전략적 선택이다. 보드게임 시장에서 브랜드와 시리즈는 서로를 끌어올리며 성공을 만든다. 브랜드가 하나의 히트작으로 출발해 시리즈로 확장되면 인지도를 급격히 높이고, 강화된 브랜드는 다시 새로운 시리즈의 성장을 이끈다. 이 구조는 단기적인 판매를 넘어, 팬층과 함께 성장하는 보드게임 IP의 토대를 만들어낸다.

어려운 게임도 좋지만, 쉽고 모두가 함께하는 게임도 좋다

소위 전략 게임, 유로 게임이라고 하는 난이도가 있는 게임이 유행했던 적이 있다. 그 시절 이런 게임이 유독 잘 나가던 이유는 바로 여기에 있다. 1990~2000년대의 유럽, 특히 독일에서는 가족 단위의 여가 활동이 중요하게 여겨졌다. 유로 게임은 폭력적이거나 배타적인 요소가 적어서 가족 모두가 즐기기에 적합했다. 2010년대에 들어서는 사회적으로 경쟁보다는 협력과 소통, 공감의 가치가 강조된 시기였다. 협력형 보드게임은 플레이어들이 함께 목표를 달성하는 경험을 주며 경쟁에서 오는 스트레스 없이 모두가 성취감을 느낄 수 있다는 장점이 있다.

그렇다면 현재는 어떤 형식의 보드게임이 트렌드일까? 2020년대 초반 코로나19는 전 세계의 일상에 큰 변화를 가져왔다. 사람들은 오랜 시간 집 안에 머물며 넷플릭스와 모바일 게임을 즐겼고 화상 회의와 온라인 수업이 상용

화되었다. 그렇게 스크린을 바라보는 시간이 늘어날수록 오히려 사람들은 반대 방향의 욕구를 필요로 하기 시작했다. 비대면의 피로감을 느끼게 된 것이다. 디지털 세상에서 벗어나 손으로 만지고 눈을 맞추고 함께 웃을 수 있는 인간적인 놀이를 찾게 된 것이다. 그 흐름 속에서 다시 조명된 것이 바로 보드게임이다.

그렇게 보드게임을 접하지 않던 사람들도 보드게임에 입문하다 보니 어렵지 않은 게임을 찾게 됐다. 룰을 익히는 데 시간이 들지 않고 누구나 5분 안에 배워 바로 시작할 수 있는 단순한 규칙의 게임들이 큰 인기를 끌었다. 그렇게 빠른 진행, 짧은 플레이타임, 그리고 무엇보다 모두가 참여하고 웃을 수 있다는 장점이 있는 파티 장르의 보드게임이 각광받기 시작했다. 유튜브, 틱톡, 인스타그램 릴스 등에서 파티 보드게임을 플레이하는 영상이 유행하면서 보여주기 좋은 게임이라는 인식이 생겼다. 리액션이 크고 룰이 단순하며 시청자도 함께 따라가며 즐길 수 있는 형식이기 때문이다.

하지만 일부 게이머들은 점차 더 깊이 있는 몰입형 보드게임을 찾기 시작했다. 단순히 웃고 떠드는 것을 넘어 자신이 어떤 역할을 맡아 이야기를 이끌어가는 방식의 게임에 관심이 높아진 것이다. 자연스럽게 과거에는 정체를 숨기는 게임 정도로 여겨지던 마피아 장르가 점점 더 다양한 형태를 갖추기 시작했다. 그렇게 등장한 것이 바로 머더 미스터리 Murder Mystery다. 머더 미스터리는 플레이어가 범인을 찾아내는 데서 그치지 않고 각자에게 주어진 역할과 이야기 속에 몰입하면서 개인의 이익을 위해 행동하는 보드게임이다. 그래서 참가자 각자가 고유한 캐릭터와 배경 이야기를 갖고 있다.

마피아가 단순한 추리와 심리전이었다면 머더 미스터리는 연기와 협력 그리고 이야기 속에 빠져들어 캐릭터와 동화된다. 그리고 이런 게임은 일회성으로 끝나지 않고 게임이 끝난 후에도 등장인물과 전개에 관한 이야기를 나누곤 한다. 보드 판이라는 경계를 넘어선 몰입형 체험 게임인 셈이다. 이제 머더 미스터리는 마피아 장르에서 파생된 서브 장르가 아닌 하나의 장르로 자리 잡았다. 그리고 내 생각이지만 머더 미스터리는 앞으로도 꾸준히 사랑받을 것이다.

가벼운 게임이나 머더 미스터리처럼 신흥 장르가 떠오르는 한편 꾸준히 인기를 이어가는 장르도 있다. 바로 테마 게임과 전략 게임이다. 이 장르들은 오래전부터 사랑받아 왔으며 지금도 많은 플레이어들이 찾는다. 흥미로운 점은 가격대다. 1~2만 원대가 아니라 7~8만 원, 많게는 10만 원 이상 하는 고가의 게임이 대부분이다. 놀랍게도 이런 게임들이 오히려 더 잘 팔린다. 보드게임을 단순한 가격이 아니라 하나의 작품이자 가치 있는 경험으로 소비하는 흐름이 형성되고 있기 때문이다. 아름다운 일러스트, 정교한 미니어처, 두툼한 컴포넌트, 풍부한 시나리오와 스토리북까지… 보드게임 상자를 여는 순간부터 기대감을 자아낸다. 이러한 요소들은 단순한 재미를 넘어 플레이어의 감성을 자극한다. 특히 한정판이나 디럭스 에디션은 수집 욕구를 자극해 강력한 팬층을 형성한다. 따라서 이 흐름은 단순한 가격 상승이 아니라 보드게임을 통한 특별한 경험과 소장 가치에 중심을 둔 소비로 해석해야 한다. 진정한 보드 게이머는 더 이상 싸고 효율적인 것만을 원하지 않는다. 오히려 비싸더라도 의미 있는 시간을 선택한다.

이처럼 보드게임은 이제 단순한 오락을 넘어 의미 있는 경험을 주는 도구로 변화하고 있다. 단순히 즐기고 끝나는 놀이가 아니라 그 안에 담긴 주제와 메시지를 곱씹게 만드는 힘을 지닌다. 최근의 보드게임은 이러한 의미를 중심에 두고 다양한 방식으로 확장되고 있으며 그중 하나가 바로 생각하는 놀이로서의 교육적 보드게임이다. 이는 지식을 주입하는 학습형 게임이 아니라 플레이 자체를 통해 주제에 대해 스스로 고민하고 이야기하게 만드는 새로운 형태다. 대표적인 테마로는 기후 위기, 환경 문제, 사회 정의, 인권, 역사 등 우리가 마주한 다양한 사회적 이슈가 있다.

기후변화를 주제로 한 《데이브레이크Daybreak》는 게임을 통해 탄소 배출, 정책 선택, 국제 협력의 중요성을 플레이어가 직접 체감하게 한다. 단순히 정보를 전달하는 데 그치지 않고, 선택과 결과를 통해 복잡한 문제의 구조를 자연스럽게 이해하도록 만드는 것이다. 이처럼 교육 보드게임은 학교, 도서관, 청소년 단체, 시민 단체 등에서 인기를 얻고 있다. 국내에서도 세계 시민 교육, 민주주의 교육, 사이버 폭력 예방 등 다양한 주제를 반영한 작품들이 등장하며, 실제 수업 교구로 활용되기도 한다.

중요한 점은 이러한 흐름이 재미를 기반으로 한다는 것이다. 억지로 가르치는 것이 아니라 게임을 통해 자연스럽게 배우게 하는 방식은 진정한 교육 효과를 낳는다. 이를 '게이미피케이션Gamification'이라고 부른다. 게임의 재미를 해치지 않으면서도 메시지를 담을 수 있다는 점은 보드게임의 고유한 강점이다. 앞으로의 교육은 더 이상 칠판 앞에서만 이뤄지지 않을 것이다. 아니, 이미 게임 테이블 위에서 시작되고 있다.

오늘날 보드게임은 단순한 놀이를 넘어 사회적 관계를 연결하는 매개체로 자리 잡고 있다. 서사와 감정을 공유하며 생각을 이끌어내는 새로운 형태의 작품인 것이다. 웃기고 가벼운 파티 게임에서부터 몰입감 있는 머더 미스터리, 고가의 테마 전략 게임, 교육적 메시지를 담은 작품까지 그 스펙트럼은 점점 넓어지고 있다. 앞으로 보드게임은 디지털 기술, 스토리텔링, 커뮤니티와 결합해 더욱 풍부한 문화 콘텐츠로 진화할 것이다. 단순한 취미를 넘어 사람과 사람을 연결하는 문화적 플랫폼이 되어가는 것이다.

보드게임
마케팅 전략
1. 크라우드펀딩

작은 마을에서 축제를 열기로 했다. 그리고 축제를 열기 위해선 사람들의 소중한 기부금이나 재능 기부가 필요하다. 누군가는 전구를, 누군가는 포스터를, 또 다른 누군가는 음식을 제공하면서 모두의 힘으로 하나의 행사를 완성한다. 이렇게 군중들로부터 자금을 모으는 활동을 크라우드펀딩Crowdfunding이라고 한다. 쉽게 말해서 어떤 사람이 새로운 아이디어나 상품을 만들고 싶은데 혼자 힘으로 비용이 부족할 때 그 아이디어를 응원하는 사람들이 조금씩 자금을 보태어 실제로 제품이 만들어질 수 있도록 돕는 방식이다. 이런 크라우드펀딩은 단순한 후원이 아니다. 새로운 물건이 나오기 전부터 소비자가 함께 참여할 수 있다는 점이 매우 특별하다. 그리고 이 크라우드펀딩은 보드게임 양산을 위해 자주 활용된다. 왜일까?

보드게임 한 개를 세상에 내놓는 데는 생각보다 많은 시간과 비용이 든다. 게임의 규칙을 기획하고, 카드와 구성품을 디자인하고, 인쇄소와 제조업체를 섭외한 뒤, 실제로 제품을 생산해 포장하고 배송하는 과정까지 이어지면 그 비용은 단순히 취미의 수준을 훌쩍 넘어선다. 특히 보드게임은 한두 개만 만들어 파는 상품이 아니다. 대부분의 제조업체는 최소 500세트 이상 단위로 제작해야 한다. 수량이 늘어날수록 단가는 내려가지만 초기 자금 부담은 오히려 커진다. 그리고 디자이너, 일러스트레이터, 규칙서 번역가가 참여하는 경우에는 수백만 원에서 수천만 원에 이르는 제작비가 들기도 한다. 이런 높은 진입 장벽 앞에서 보드게임 창작자들이 의지할 수 있는 현실적인 해법이 바로 크라우드펀딩이다.

크라우드펀딩을 통해 보드게임을 만들고자 하는 사람은 제품을 먼저 대량으로 찍어내지 않고 소비자들에게 아이디어를 소개한 후, 후원을 받은 만큼만 제작하면 된다. 이로써 초기 자금 부담을 대폭 줄일 수 있고, 동시에 시장의 반응도 확인할 수 있다. 어떤 게임이 500세트를 기준으로 제작 가능하다고 할 때 펀딩을 통해 300명 이상이 후원했다고 하자. 그 게임은 적어도 일정 수요를 갖고 있다는 뜻이다. 반대로 후원이 잘 모이지 않는다면 게임을 보완하거나 출시 시기를 조정하는 등 유연하게 대처할 수 있다. 이러한 방법은 작가에게 단순한 자금 모금이 아니다. 일종의 테스트 마켓이자 위험 분산 도구 역할을 한다.

보드게임은 종종 실제로 출시된 후 반응이 엇갈리기도 한다. 재미있을 것 같았던 게임이 생각보다 어렵거나 구성품이 부족하게 느껴지는 경우다. 그런데 펀딩 과정에서는 이런 소비자의 피드백을 미리 받아볼 수 있다. 정식 제작전에 중요한 개선점을 반영할 수 있는 것이다. 또한, 크라우드펀딩은 특히 소규모 창작자나 인디 보드게임 개발자에게는 거의 유일한 출발점이 되기도 한다. 대형 보드게임회사들은 자체 자금과 유통망을 활용해 신작을 선보일 수 있지만 처음 시장에 진입하는 개인이나 작은 팀에게는 마케팅 비용조차 큰 부담이다. 결국 펀딩은 단지 자금을 모으는 수단이 아니라 작가와 플레이어 모두에게 확신을 주는 하나의 절차다. 보드게임 시장에서 크라우드펀딩이 활발한 이유는 단순히 돈을 모을 수 있어서가 아니다. 그 자체가 게임의 가능성을 시험해 보고 그 결과에 따라 방향을 잡을 수 있는 매우 유용한 수단이기 때문이다.

보드게임을 시장에 선보이는 펀딩 방식은 크게 두 가지로 나눌 수 있다. 하나는 잘 알려진 플랫폼을 활용하는 크라우드펀딩, 다른 하나는 회사나 창작자가 직접 운영하는 자체 선주문 시스템이다. 두 방식 모두 출시 전 자금을 확보한다는 목적은 같지만, 접근 방식과 전략에는 분명한 차이가 있다.

먼저 플랫폼 기반 크라우드펀딩은 와디즈, 텀블벅, 킥스타터 같은 플랫폼을 이용하는 방식이다. 이미 형성된 이용자 커뮤니티 덕분에 노출 효과가 크고, 신규 소비자 유입에도 유리하다. 특히 관심 있는 사람들이 특정 카테고리에 몰려 있는 보드게임 분야에서는 장점이 더욱 두드러진다. 결제 시스템이 안정적이고, 정산, 세금 처리도 자동화되어 제작자의 행정적 부담이 적다. 또한 플랫폼 내 커뮤니티를 통해 후원자와의 소통도 원활하다. 단점은 수수료다. 전체 펀딩 금액의 10~30%가 플랫폼 수수료로 빠져나가며, 각 플랫폼의 규정 때문에 콘텐츠 표현이나 리워드 설계에 제약을 받을 수도 있다.

반면 자체 선주문 시스템은 일정 규모 이상의 팬층과 브랜드를 가진 제작자나 회사가 활용한다. 자체 웹사이트나 SNS를 통해 사전 주문을 받는 방식으로, 크라우드펀딩보다는 소규모 온라인 쇼핑몰에 가깝다. 수수료를 절약할 수 있고, 판매 전략과 시기를 100% 자율적으로 조절할 수 있다. 팬들과 직접 소통하며 즉각적인 피드백을 받을 수 있고, 자체 배송, 고객 관리로 유통 효율도 높일 수 있다. 하지만 이 방식은 브랜드 신뢰도와 시장성이 뒷받침되어야 한다. 처음 창작하는 사람이라면 소비자가 사전 결제를 망설일 수 있다. 또한 결제 시스템, 물류, 고객 응대까지 모두 자체적으로 운영해야 하므로 부담이 크다.

결국 어떤 방식을 선택할지는 작가의 상황과 팬층 규모, 제작 역량에 달려 있다. 플랫폼 펀딩은 초기 진입과 홍보에 유리하고, 자체 선주문은 안정된 브랜드 기반 위에서 자율적인 운영이 가능하다. 중요한 것은 자신에게 어떤 방식이 더 잘 맞는지 전략적으로 판단하는 것이다.

크라우드펀딩은 단순히 후원금을 모으는 수단이 아니다. 보드게임 브랜드의 방향성과 생존력을 시험하는 무대다. 하나의 펀딩 성공은 끝이 아니라 다음 프로젝트로 이어지는 선순환의 출발점이 된다. 선순환 구조에서 가장 중요한 것은 하나라도 확실히 잘 팔리는 게임을 만드는 것이다. 첫 펀딩에서 대중의 주목을 받은 게임은 단순한 매출을 넘어 브랜드에 대한 신뢰와 기대감을 심어주고 이후 모든 프로젝트의 발판이 된다. 많은 인디 제작자들이 "첫 게임이 반응이 없어 두 번째 게임을 내기 힘들었다"고 말한다. 반대로 첫 게임이 조금이라도 성공하면 소비자는 자연스럽게 다음 게임에도 관심을 가진다. 초기 펀딩 하나가 브랜드의 생존을 좌우할 수 있는 이유다.

크라우드펀딩은 작은 사업과도 같다. 기획, 마케팅, 생산, 고객 대응까지 모든 과정이 담겨 있다. 단순히 게임 제작에 그치지 않고, 이 과정을 통해 자신의 브랜드를 쌓아가는 장이 된다.

보드게임
마케팅 전략
2. 영상과 유튜브

보드게임의 규칙을 설명하는 데 있어 텍스트와 이미지로 구성된 규칙서는 기본적인 수단이다. 하지만 한계도 명확하다. 규칙이 복잡하거나 예외 사항이 많은 게임일수록 글과 그림만으로는 내용을 끝까지 이해하기 어렵다. 초보자에게는 용어 하나하나가 낯설고, 전체 흐름을 파악하는 데 시간이 오래 걸린다. 실제로 규칙서를 읽다가 포기하는 경우도 적지 않다. 나도 보드게임 모임에서 게임 마스터가 없어 새 게임을 포기하고 다른 게임을 한 기억이 있다.

이와 달리 영상은 시각적, 청각적 정보가 결합되어 훨씬 빠르고 직관적으로 이해할 수 있다. 실제 구성물의 움직임, 플레이어의 행동, 턴의 흐름이 자연스럽게 연결되면서 규칙의 맥락과 의도를 쉽게 파악할 수 있다. 게임을 직접 하기 전에도 재미와 전략을 미리 엿볼 수 있다는 점에서 영상은 매우 유용하다. 규칙 설명 영상은 진입 장벽을 낮추고 플레이어가 게임에 쉽게 접근하도록 돕는, 중요한 마케팅 수단이 된다. 나 역시 아내와 새로운 보드게임을 할 때 규칙서를 읽으면 오래 걸리곤 해, 영상으로 빠르게 익히는 경우가 많다. 모두 함께 시청할 수 있어 서로 놓친 부분을 보완할 수 있다는 점도 장점이다.

효과적인 규칙 설명 영상을 제작하려면 구성과 전달 방식이 중요하다. 인트로에서는 게임명과 간단한 콘셉트를 소개하고, 몇 인용 게임인지, 소요 시간, 권장 연령대를 알려주면 좋다. 시청자가 자기와 맞는 게임인지 빠르게 판단할 수 있기 때문이다. 이어서 구성물 소개 단계에서는 실제 구성물을 하나하나 보여주며 이름과 역할을 설명한다. 영상의 핵심은 게임 흐름이다. 한 턴을 시연하면서 주요 행동과 선택지를 보여주면 게임의 리듬과 전략이 자연스럽게 전달된다. 이후 승리 조건을 분명히 제시해 목적을 이해시켜야 한다. 마지막에는 자주 하는 실수나 헷갈리는 규칙을 정리하는 FAQ나 팁을 넣으면 시청자에게 도움이 된다. 아웃트로에서는 구매처나 공식 홈페이지 링크를 안내하면 마케팅 효과로 이어진다.

영상 퀄리티도 중요하다. 좋은 영상은 시청자를 늘리지만, 불편하거나 매끄럽지 못한 영상은 오히려 게임의 흥미를 떨어뜨릴 수 있다. 그렇다고 반드시 제작자가 모든 걸 직접 해야 하는 것은 아니다. 이미 활동 중인 보드게임 유튜버와 협업하면 훨씬 큰 시너지를 낼 수 있다. 실제로 내가 개발한 보드게임 《한강》을 유튜버 우주티비와 협업해 소개한 적이 있다. 마침 채널의 인기가 크게 높아진 시기였고, 그 덕분에 영상은 6천 회 이상 조회되었다. 만약 혼자 영상을 찍었다면 이루기 힘든 결과였다. 이 경험을 통해 게임 자체뿐 아니라 초이스라는 브랜드까지 알릴 수 있었다. 혼자 다 하려 애쓰기보다 이미 구독자와 노하우를 가진 전문가와 협력하는 편이 훨씬 효과적이라는 사실을 실감했다.

가장 대표적인 영상 플랫폼인 유튜브는 국경을 넘어서는 채널이기도 하다. 영상에 영문이나 다국어 자막을 넣으면 해외 보드 게이머의 유입도 기대해 볼 수 있다. 특히 보드게임은 세계 어디서나 즐길 수 있는 콘텐츠이므로 자막 하나로 내 게임의 시장성을 대폭 확장시킬 수 있다. 또 리뷰어나 인플루언서와 협업하는 것도 효과적이다. 그들의 실제 플레이 영상이나 사진을 보면서 게임을 간접 체험할 수 있고 진솔한 평가가 담긴 리뷰는 소비자의 마음을 움직인다. 시청자의 댓글에 답변하거나 좋아요를 눌러주는 작은 상호 작용도 팬심을 두텁게 한다.

이제 보드게임 마케팅에서 유튜브 활용은 선택이 아니라 거의 필수에 가깝다. 규칙서의 한계를 보완하고, 게임의 흐름과 재미를 직관적으로 보여주면서 더 많은 사람에게 다가갈 수 있게 해준다. 이것은 전문 마케터의 조언이 아니라 직접 경험한 사람의 권고일 뿐이다. 다만 내가 말하고자 하는 것은 화려한 장비나 전략보다 중요한 건 시청자의 눈높이에 맞는 설명과 진정성 있는 태도가 가장 중요하다는 것이다. 공감과 진심은 결국 사람들을 움직이게 한다. 나 역시 경험을 통해 확실히 느꼈다. 가능하다면 꼭 한 번 도전해 보길 바란다.

보드게임 마케팅 전략 3. SNS와 커뮤니티 사이트

"보드게임 작가가 마케팅까지 해야 하나요?"라는 질문을 종종 듣는다. 창작과 개발에만 몰두하고 싶은 마음은 충분히 이해된다. 그러나 지금은 작가가 직접 세상과 소통해야 살아남는 시대다. 특히 SNS는 자신의 보드게임을 알리고 피드백을 받고, 더 나아가 팬을 만들 수 있는 강력한 도구다. 작가에게 SNS는 단순한 소통의 공간이 아니라 작품을 세상에 내놓는 창과 같다.

유튜브를 제외하더라도 페이스북, 인스타그램, X 같은 다양한 SNS는 각기 다른 장점을 가지고 있다. 페이스북은 커뮤니티 성향이 강해 사용자 모임이나 그룹을 통해 직접 피드백을 받을 수 있고, 인스타그램은 시각 디자인과 플레이 장면을 감각적으로 보여주며 감성을 자극하는 데 적합하다. 릴스나 스토리를 활용하면 도달 범위를 넓히는 것도 가능하다. X는 빠른 속도와 해시태그 기능을 통해 해외 보드게임 팬이나 인플루언서와 연결하기에 효과적이다. 작가는 이러한 채널들을 통해 자신만의 세계관을 꾸준히 보여주어야 한다. SNS는 단순히 알림을 전달하는 곳이 아니라 공감과 공유를 이끌어내는 중요한 기반이다.

SNS와는 성격이 다르지만 블로그 역시 여전히 중요한 역할을 한다. 블로그는 검색 노출이 잘 되어 게임을 찾는 이들이 쉽게 접할 수 있으며, 긴 글과 체계적인 기록을 통해 전문성과 신뢰를 쌓을 수 있다. 그래서 브랜드를 키우고 싶거나 장기적으로 콘텐츠를 축적하려는 사람들에게는 블로그가 큰 도움이 된다.

SNS와 블로그는 불특정 다수에게 공개되는 만큼 내가 원하는 사람들에게 도달하기까지 많은 시간과 노력이 필요하다. 알고리즘을 이해하고 꾸준히 콘텐츠를 쌓아야 비로소 노출이 시작된다. 하지만 보드게임을 좋아하는 사람들이 이미 모여 있는 곳이 있다. 바로 커뮤니티 사이트다. 내가 목표로 하는 유저들과 가장 빠르게 연결될 수 있는 가장 효율적인 출발점이다. 보드게임 마케팅에서 커뮤니티 사이트는 SNS와 마찬가지로 단순한 정보 공유의 장이 아니다. 보드게임 플레이어와의 신뢰를 쌓는 공간이다. 특히 보드게임이라는 취미는 플레이어 간의 추천과 경험의 공유에 크게 의존한다. 이들이 모여 있는 본진을 제대로 공략하는 것이 중요하다.

우선 보드라이프는 대한민국 최대 보드게임 커뮤니티로 국내 유저와의 소통 창구이자 마케팅의 중심이다. 게임을 등록하면 상세한 정보 페이지가 생성되고 플레이 후기, 사진 리뷰, 점수 평가 등을 통해 자연스럽게 보드게임을 알아갈 수 있다. 그 외에도 체험단 이벤트나 공동 구매, 규칙서 피드백 요청 등도 가능하다. 이미 보드게임을 좋아하는 사람들이 모여 있어서 초기 유저 층을 확보하는 데 매우 효과적이다. 특히 열정적인 유저들이 자발적으로 남기는 리뷰는 향후 판매에 결정적인 영향을 준다.

다음으로 전 세계 보드 게이머들의 백과사전이라 불리는 보드게임긱 BoardGameGeek, BGG이다. 수많은 전 세계의 보드게임들이 등록되어 있고 세계에서 가장 큰 보드게임 소통의 장이다. 해외 진출을 고려한다면 보드게임긱에 게임 등록은 필수다. 커버 이미지, 컴포넌트 사진, 규칙서, 다운로드 자료 등을 세심하게 구성해야 검색과 완성도를 높일 수 있다. 영어로 진행해야 하는 단점이 있지만 BGG의 평가 시스템은 오랜 시간이 지나도 지속적인 노출이 가능하다는 장점이 있다. 커뮤니티 사이트는 단순한 정보 게재의 장소가 아니다. 핵심 유저에게 인정 받고, 입소문 마케팅의 출발점이 될 수 있다. 게임을 올리고 끝내는 것이 아니라 리뷰를 읽고 피드백을 반영해서 진정성 있는 소통을 지속하는 것이 성공의 열쇠다.

유튜브와 마찬가지로 SNS와 커뮤니티 사이트를 직접 하기 어려워하는 작가도 있을 것이다. 물론 직접 운영하는 것을 추천하지만 그렇지 못한 경우에 인플루언서와의 협업을 통해 새로운 홍보 전략을 짤 수 있다. 보드게임 전문 인플루언서들은 보드게임과 SNS 사이를 연결해 주는 다리 역할을 한다. 이들은 게임을 더 많은 사람들에게 자연스럽게 알릴 수 있는 강력한 힘을 가지고 있다. 특히 SNS 인플루언서, 유튜버, 블로거와 같은 콘텐츠 제작자들은 규칙 설명 영상, 언박싱, 첫인상 리뷰 등 다양한 형태로 게임을 소개하며 유저들의 관심을 끌어낸다. 한눈에 보는 룰, 첫인상 리뷰, 실제 플레이 영상과 같은 키워드가 담긴 콘텐츠는 유저들에게 게임에 대한 이해를 쉽게 도와주고 구매 결정에 큰 영향을 미친다.

보드게임을 알리는 일은 단순히 제품을 홍보하는 기술이 아니라 게임에 담긴 세계관과 가치를 유저와 공유하는 과정이다. SNS는 감성과 이미지를 통해 대중과 교감하는 창구이고, 커뮤니티는 관심과 열정을 가진 유저와 신뢰를 쌓는 기반이며, 인플루언서는 그 둘을 연결해 게임의 매력을 입체적으로 보여주는 조력자다. 하지만 중요한 것은 어떤 채널을 쓰느냐보다 그 안에서 무엇을 꾸준히, 얼마나 진정성 있게 보여주느냐이다. 보드게임에 담긴 이야기를 성실하게 전할 때 비로소 유저가 반응한다. 마케팅은 억지로 파는 기술이 아니라 경험을 함께 나누는 일이다. 그렇게 함께 공유된 보드게임은 일회성 소비가 아니라 오래 기억되는 작품으로 남는다.

무자본으로
보드게임 출판하기

제로에서 시작하는 보드게임 개발

이 책을 집어 든 당신이 가장 궁금해할 부분은 아마도 이것일 것이다. "어떻게 돈을 들이지 않고 보드게임을 만들 수 있을까?"라는 질문 말이다. 분명 보드게임 제작에는 돈이 들어가는 부분이 많은데, 어떻게 무자본이라고 말할 수 있을까? 이 문제를 살펴보려면 먼저 보드게임을 만드는 데 어떤 비용이 필요한지를 알아야 한다.

가장 먼저 시제품을 만들기 위한 기본 재료가 필요하다. 그다음으로 시제품에 입힐 디자인 비용이 들고, 마지막으로 완성된 시제품을 대량 생산할 때 큰 비용이 들어간다. 간단히 세 가지로 나눌 수 있지만, 실제로는 더 많은 비용 요소가 있다. 만약 디자인이나 인쇄, 생산을 스스로 해결할 수 있다면 비용을 크게 줄일 수 있다. 하지만 대부분의 보드게임 작가들은 그렇지 못하며, 나 역시 마찬가지였다. 그래서 이 비용들은 필수적이라고 생각해야 한다. 그렇다면 자금이 없으면 보드게임을 만들 수 없을까? 그렇지 않다. 필요한 비용을 다른 방식으로 충당할 수 있다면 충분히 가능하다. 나 또한 여러 방법을 직접 경험했다.

가장 먼저 도전한 것은 보드게임 관련 공모전이었다. 처음에는 단순히 종이와 펜으로 만든 규칙서만 제출하면 되리라 생각했다. 하지만 결과는 처참했다. 서류 탈락이었다. 이유는 간단했다. 공모전을 주최하는 입장을 고려하지 않았기 때문이다. 심사위원들은 규칙과 디자인까지 완성도가 높은 작품을 선호한다. 그래야 선정 후 바로 출시로 이어지기 쉽다. 그러니 단순한 워드 파일에 불과했던 나의 규칙서는 탈락하기에 안성맞춤이었다. 그래도 포기하지 않았다. 공모전을 계속 찾아보고 도전하며 어떤 점을 보완해야 하는지 배워갔다. 문제점을 확인하고, 방법을 고치고, 다시 도전하는 과정은 마치 성장을 위한 훈련 같았다.

그렇게 여러 공모전을 거치던 중 2019년 독도 비즈니스 모델 경진 대회에 참가하게 되었다. 독도를 모티브로 새로운 비즈니스 모델을 제시하는 대회였는데, 나는 독도를 주제로 보드게임을 기획해 출전했다. 감사하게도 결과는 대상 수상이었다. 상금으로 500만 원을 받았다. 내가 실제로 사용한 비용은 1만 원도 되지 않았다. 독도 모형을 만들기 위한 지점토와 스티로폼 판지가 전부였고, 나머지는 집에 있던 간단한 재료였다. 1만 원 투자로 500만 원을 벌 수 있다면 충분히 도전할 만한 가치가 있지 않은가. 이 수상은 내가 보드게임 사업을 본격적으로 시작할 수 있는 원동력이 되었고 이후에도 좋은 결과로 이어졌다.

나는 여기에 멈추지 않았다. 다음 단계를 준비하며 다양한 지원 사업을 찾아봤다. 그러던 중 친구를 통해 정부에서 진행하는 예비 창업 패키지를 알게 되었고 2020년, 소셜벤처 분야에 지원했다. 당시에는 보드게임을 개발해 사업화하는 사례가 흔치 않아 눈에 띌 수 있었지만, 이미 보드게임 기업들이 존재했기에 차별화가 필요했다. 나는 지금까지의 활동을 돌아봤다. 사회적 기업과 사회적 가치 관련 활동을 꾸준히 해왔고, 환경 문제 해결에도 관심이 많았다. 그래서 나의 보드게임에도 사회적, 환경적 가치를 담아보자고 생각했다.

경험에서 비롯된 아이디어는 심사위원에게 큰 설득력이 있었다. 단순히 말로만 설명하는 것과 실제 활동을 바탕으로 아이디어를 제시하는 것은 차원이 다르다. 나는 재활용 자재와 친환경 소재를 활용한 보드게임 제작을 구상했고, 해외 역사와 문화를 차용한 기존 보드게임의 한계를 넘어 우리나라 이야기를 담은 보드게임을 만들기로 했다. 이렇게 '친환경 자재를 활용한 우리나라 이야기를 담은 보드게임 개발'이라는 주제가 탄생했고, 나만의 색을 가진 창업 아이디어로 지금의 '초이스'가 만들어졌다. 예비창업패키지는 최대 1억 원까지 지원받을 수 있는데, 실제로는 보통 수천만 원 규모다. 나 역시 수천만 원을 지원받아 인건비, 재료비, 개발비에 사용할 수 있었다. 덕분에 내 자금을 쓰지 않고도 보드게임을 제작할 수 있었다. 그때 세 개의 보드게임을 개발했고, 이 가운데 두 개를 출시했다. 사업 종료 시점에는 최우수 기업으로 선정되기도 했다.

이후에는 서울시에서 진행한 프린트 그라운드 공모전에 참여해 세 번째 보드게임을 출시했다. 종이를 활용한 제품 제작을 지원하는 공모전이었는데, 이 역시 무자본으로 제작할 수 있었다. 이렇게 찾아보면 보드게임 제작을 돕는 다양한 기회가 있다. 한국콘텐츠진흥원의 창의인재동반사업, 대전콘텐츠코리아랩의 보드게임 아카데미 등 보드게임 전용 지원사업도 있다. 관심을 갖고 살펴보면 내가 원하는 것을 실현할 수 있는 길은 늘 열려 있다.

"정말 무자본으로 보드게임 개발이 가능할까?"라는 질문에 나의 대답은 분명하다. 가능하다. 물론 그만큼의 노력이 있었기에 보상이 따른 것일지 모른다. 그러나 원하는 것을 이루기 위해 꾸준히 시도하는 사람은 결국 길을 찾게 된다. 평범한 나도 해냈다면, 이 책을 읽고 있는 당신은 더 잘할 수 있다고 믿는다. 세상에는 수많은 공모전과 지원 사업이 존재한다. 어떤 기회는 보드게임 회사에서 주최하기도 한다. 거기서 수상한다면 더 빠르게 작가로 데뷔할 수도 있다. 각자의 방법과 루트를 찾아 자신만의 이야기를 만들어 가길 바란다.

제안에서 출판까지

보드게임 개발을 좋아하지만, 사업화하거나 스스로 모든 과정을 진행하는 것을 두려워하는 사람도 있다. 이는 전혀 이상한 일이 아니다. 사람마다 잘하는 분야가 다르고, 관심사 역시 다르기 때문이다. 게임 개발에는 능숙하지만 그 외의 영역은 어려워할 수 있다. 이런 경우 보통 퍼블리싱을 선택한다. 보드게임에서 퍼블리싱은 일반적인 출판과 비슷하다. 소설을 쓰면 출판사를 통해 책이 출간되듯, 보드게임도 퍼블리셔가 제작, 편집, 인쇄, 유통을 맡는다. 보드게임 산업이 출판사 문화에서 비롯된 만큼 그 영향이 남아 있는 것이다. 또 게임 산업의 사례처럼, 작은 인디 보드게임 개발팀이 대형 유통사와 협력해 퍼블리싱 서비스를 받는 경우도 있다.

제작부터 유통까지 모든 과정을 직접 책임진다면, 원하는 만큼의 수익을 온전히 가져갈 수 있다. 저작권을 유지할 수 있고, 마케팅이나 브랜딩도 원하는 방식으로 진행할 수 있다. 하지만 자금과 시간, 경험이 부족하다면 재고 부담이나 유통상의 어려움 같은 시행착오를 겪기 쉽다.

반대로 퍼블리셔에 제안한다면 제작과 유통의 부담을 덜 수 있다. 경험 많은 퍼블리셔는 이미 유통망과 마케팅 채널을 갖추고 있어 초보 개발자에게 든든한 파트너가 된다. 그러나 수익률이 낮아지고, 계약 조건에 따라 권리나 수정권이 제한될 수 있다. 따라서 계약서의 저작권 양도 조항, 수정권, 계약 기간, 최소 생산 수량 등을 반드시 확인해야 한다. 퍼블리싱 계약을 맺었다고 해서 작가의 역할이 끝나는 것도 아니다. 오히려 게임이 세상에 공개되는 만큼 스스로 홍보와 마케팅에 참여해야 한다. 결국 퍼블리싱 방식은 자신의 자원과 목표에 따라 달라진다. 어떤 길을 택하든 중요한 것은 보드게임에 대한 애정과 열정이다. 그렇다면 보드게임을 열심히 개발한 후 퍼블리셔와 협력하려면 무엇을 해야 할까? 일반적으로 다섯 가지 방법이 있다.

첫 번째는 보드게임 기업의 공모전에 출품하는 것이다. 1년에 1~2회 정도 보드게임 공모전을 진행하는 기업이 있다. 이런 공모전을 통해 수상을 하게 되면 보통은 계약이나 출시로 이어질 수 있다. 다만 계약이 곧 출시를 의미하지는 않으므로, 이후에도 작가의 노력이 필요하다.

두 번째는 보드게임 기업에 직접 제안하는 방법이다. 메일이나 전화를 통해 자신이 만든 보드게임의 규칙서와 기획안을 제출한다. 이후 시제품을 들고 미팅에 나가 시연을 진행하면, 퍼블리셔가 마음에 들어 할 경우 계약을 제안받을 수 있다.

세 번째는 보드게임 피칭데이에 참여하는 것이다. 피칭데이란 정해진 시간 안에 자신의 게임을 직접 시연하고 어필하는 행사다. 그래서 주어진 시간 내에 최대한의 어필을 통해서 보드게임을 소개해야 한다. 각 행사마다 시간은 상이하지만 보통 10~30분의 시간이 주어지며, 이때 퍼블리셔와 관계를 맺어 두면 이후 협업이 한결 수월해진다.

네 번째는 보드게임 행사에 참여하는 것이다. 우리나라 주요 보드게임 행사인 보드게임콘, 보드게임 페스타, 인디 보드게임마켓과 같은 행사에 참여한다. 이때 퍼블리셔들이 돌아다니며 미팅을 요청할 수 있다. 더구나 해외 기업들도 많이 참가하기 때문에 해외 진출도 노려볼 수 있다. 아직 유명하지 않은 작가라면 개인 작가존으로 신청해 기회를 만들면 좋다.

다섯 번째로 이미 이름이 알려진 작가라면 보드게임 기업이 먼저 연락해 올 수도 있다. 유명 작가의 신작은 출간

제안을 받기 쉽다. 이는 도서 시장에서 유명 작가에게 여러 출판사가 먼저 손을 내미는 것과 같다.

그렇다면 보드게임 기업에 제안할 때는 어떤 것을 준비해야 할까? 그리고 보드게임 기업은 어떤 보드게임을 선호할까? 어쩌면 이 부분이 가장 중요하고 알고 싶어하는 핵심적인 부분일 것이다. 먼저 보드게임을 제안할 때는 몇 가지의 준비물이 필요하다. 필수적으로 필요한 것도 있지만 있으면 좋은 것도 있다.

가장 중요한 것은 시제품과 규칙서가 필요하다. 게임할 수 있는 구성물이 있어야 한다. 같은 규칙이라도 완성된 아트워크가 입혀진 시제품과 단순한 테스트 버전이 있다면, 퍼블리셔는 당연히 완성도를 선택한다. 그만큼 시제품은 중요한 판단 기준이다. 이어서 필요한 것이 제안서이다. 게임의 제목, 인원, 연령, 소요 시간, 장르, 핵심 메커니즘과 간단한 설명, 사진 등이 담겨야 한다. 제안서는 퍼블리셔가 가장 먼저 보는 자료다. 보드게임을 만드는 것도 중요하지만 제안서를 어떻게 만드느냐도 아주 중요한 문제다.

다음은 꼭 필요하지는 않지만 있으면 도움이 되는 것들이다. 게임을 설명하거나 플레이하는 모습을 영상으로 담아 전달하는 것이다. 우리가 규칙서만 보고 이해하기 힘든

부분이 있는 것처럼 퍼블리셔도 좀 더 직관적이고 쉽게 확인하고 싶어한다. 그래서 이런 영상이 있다면 어필하는 데 효과적이다. 만약 실제 만나서 플레이 하는 방법을 알려주는 피칭 데이 같은 경우라면 꼭 필요지는 않지만 메일이나 온라인상으로 전달할 때는 매우 효과적이다.

그리고 실제 테스트한 기록과 반응을 요약해서 제공하는 것도 좋다. 테스터들의 반응은 어땠는지, 어떤 부분을 개선했는지에 대한 데이터를 기록한 자료다. 엑셀이나 설문조사 자료의 통계도 좋다. 내가 만든 보드게임을 퍼블리셔에게 제안하고 출판까지 이어지기 위해서는 단순히 좋은 게임을 만드는 것만으로는 부족하다. 퍼블리셔가 어떤 유형의 게임을 선호하는지, 어떤 스타일과 시장성을 중요하게 여기는지를 미리 파악하면 훨씬 효과적으로 어필할 수 있다. 퍼블리셔의 성향과 선호도를 이해하는 것은 제안 과정에서 매우 유용한 전략이 된다.

퍼블리셔는 무엇보다 잘 팔릴 수 있는 게임을 찾는다. 결국 기업 입장에서는 투자 대비 이익이 핵심이다. 따라서 게임성, 시장성, 제작 현실성을 함께 고려한다. 좋은 게임을 만드는 것만으로는 부족하다. 퍼블리셔가 어떤 게임을 선호하는지, 시장성을 어떻게 평가하는지를 이해하고 준비해야 제안의 성공 가능성이 높아진다. 판매 가능한 완성도를 위해 고려해야 하는 부분을 각 요소에 따라 표로 정리했다.

요소	내용
게임 길이	20~40분으로 빠른 회전
구성물	간단하고 생산 단가가 낮음
규칙	누구나 이해하기 쉬움
리플레이성	매번 다른 전략 가능
테마 / 스토리	신선하거나 감성적인 요소와 어디서 보지 못한 새로운 특징
확장성	확장판으로 연계할 수 있음

보드게임 기업마다 선호하는 작품은 조금씩 다르다. 교육을 핵심 가치로 삼는 기업은 교육적 요소를 더 중점적으로 평가할 것이고, 파티 게임이나 패밀리 게임을 선호하는 기업은 간단하고 쉽게 즐길 수 있는 작품을 더 높이 본다. 따라서 각 기업의 특징과 성향을 잘 이해하고 그에 맞게 제안하는 것이 중요하다.

퍼블리셔를 통해 출판하는 과정은 단순히 게임을 내는 일이 아니라, 시장성과 완성도를 함께 갖춘 작품을 만들어 내는 여정이다. 자신의 아이디어가 더 많은 사람들에게 닿고 실제 제품으로 유통되려면 철저한 준비와 설득력이 필요하다. 퍼블리셔는 단순한 유통 창구가 아니라 함께 성장하는 파트너다. 협력 관계를 어떻게 구축하느냐에 따라 성과가 달라진다. 물론 쉽지 않은 길이 될 수도 있다. 그러나 준비된 작가라면 그 기회는 반드시 열리게 마련이다.

취미를 직업으로 만드는 방법

지금까지 실컷 설명한 나를 보드게임 회사 대표로만 생각했을 수 있지만 사실 나는 직장인이다. 주변에서 흔히 볼 수 있는 아주 평범한 사람이다. 사회적으로 엄청나게 스펙이 좋은 사람도 아니다. 그런 내가 보드게임 작가가 된 이유는 간단하다. 내가 재미있어하는 일을 더 재미있게 즐기고 싶었고 즉시 행동했기 때문이다. 사람들은 대개 '빵을 좋아하는데 빵을 만들어 볼까?', '노래를 좋아하는데 가수를 해 볼까?', '게임을 잘하는데 게이머가 되어볼까?' 처럼 생각하곤 한다. 하지만 중요한 것은 생각한 후에 행동으로 옮기는 것이다. 누군가에게는 이런 실천이 어렵고 복잡할 수 있다. 하지만 조금만 고민하고 정리하면 누구나 할 수 있다. 처음부터 다 만들어서 완벽하게 준비하려고 하면 힘들다. 하나씩 준비하면서 만들어 가는 것이다.

나는 '보드게임을 좋아하는데 나도 한번 만들어 볼까?'

204

라고 생각했고 바로 실천했다. 보드게임을 개발해 공모전에도 넣어보고 사업화를 위해 지원 사업도 진행했다. 물론 처음에는 결과가 모두 좋지는 않았다. 하지만 포기하지 않고 보드게임 개발을 계속했다. 그 결과 다양한 지원 사업과 공모전에 좋은 결과를 얻었다. 그리고 결국 이렇게 보드게임으로 사업을 하고 있다. 그것도 직장을 다니면서 말이다. 포기하지 않고 한다면 보드게임 개발은 누구나 할수 있을 만큼 어렵지 않다. 시간적으로도 여유 있기 때문에 N잡을 하기에도 너무 좋다. 그리고 조금만 노력한다면 비용을 들이지 않고 개발할 수도 있다. 시간과 노력만 있다면 원하는 보드게임으로 돈을 벌 수 있다는 의미다.

만약 내가 식당을 운영한다고 하자. 그러면 생각해야 할것이 많을 것이다. 먼저 식당을 운영하는 영업 시간을 정해야 한다. 점심 식사가 주된 영업인지, 저녁 식사가 주된 영업인지 파악해야 한다. 그리고 영업 시간 전에 재료 준비를 마쳐야 한다. 그리고 주문이 들어오면 최대한 빠르게 음식을 제공하기 위해서는 재료를 가공해 미리 준비하는 단계가 필요하다. 손님이 들어오면 주문을 받아야 하고 요리를 해서 맛있는 음식을 제공해야 한다. 맛있게 음식을 먹은 손님이 가면 손님이 있던 자리를 정리하고 음식을 담았던 그릇을 정리한다. 그렇게 장사가 끝나면 사용할 수 있는 재료를 파악한다. 내일 사용할 재료를 주문해야 하기 때문이다. 그만큼 식당을 운영하는 것은 시간적으로 여유가 없고 힘들다.

그렇다면 보드게임 개발은 어떨까? 먼저 시간적으로 여유가 있다. 지금 당장 완성해야 할 이유가 없어서 천천히 준비해도 된다. 또한, 보드게임을 만들기 위해 큰 장비나 시설이 필요하지도 않다. 기본적으로 사무실에 있는 컴퓨터, 프린터 정도만 있으면 된다. 사전 지식이나 교육이 적거나 거의 없다. 따라서 보드게임을 만들기 위한 특별한 언어나 필수적으로 배워야 할 프로그램도 없다. 그저 열정만 있다면 종이와 펜으로 보드게임을 제작할 수 있다. 진짜 좋은 아이디어가 있다면 어쩌면 한 시간 만에 보드게임을 개발할 수 있다. 그렇기에 보드게임을 만들기 위해서는 나의 창의적인 아이디어만 있으면 된다.

보드게임 개발은 시간적 여유가 많고, 초기 비용 부담이 적다. 특별한 사전 지식 없이도 시작할 수 있다는 점에서 매력적이다. 매장을 운영하지 않으니 매일 신경써야 할 일도 적고 아이디어와 펜만 있으면 어디에서든 간단한 시제품을 만들어 테스트할 수 있다. 펜과 종이, 그리고 창의적인 아이디어만 있다면 누구나 도전할 수 있는 분야다.

대부분의 인디 보드게임 작가는 직장을 다니며 작가 활동을 함께하고 있다. 물론 나도 그중 한 명이다. 본업을 하는 시간 외에 자투리 시간을 활용하며 개발한다. 이 뜻은 언제나 어디서나 개발함에 있어 편리하다는 것이다. 그만큼 N잡으로서 최고라고 할 수 있다. 많은 사람들이 보드게임 개발은 어렵다고 생각한다. 하지만 직접 해보면 어렵지만은 않다. 보드게임을 세상에 출시하는 데 있어, 아이디어의 많고 적음보다 중요한 것은 실행 여부에 있다. 어렵다고만 생각하지 말고 한 걸음씩 나아가다 보면 보드게임 개발이 나에게 손을 내밀어 줄 것이다. 그 손을 꼭 붙잡고 계속해서 도전하자.

보드게임 창업,
덜 스트레스 받고
더 즐겁게!

　일반적으로 스타트업 창업자들은 높은 수준의 스트레스를 경험한다. 실제 조사에 따르면 스타트업 창업자의 79.3%가 스트레스를, 67.9%가 우울감을 호소했고, 자살 위험군에 속하는 비율도 21%에 달했다. 가장 큰 원인은 자금 압박과 투자 유치였다. 창업은 본질적으로 고위험, 고수익 구조이기 때문에 실패에 대한 두려움과 불확실성이 창업자에게 지속적인 부담으로 작용한다.

　그러나 보드게임 개발 창업은 상대적으로 이런 스트레스에서 자유롭다. 무엇보다 초기 투자 비용이 낮아 자금 압박이 덜하고, 사업 초기에 큰 위험을 감수하지 않아도 된다. 또 보드게임은 개발 과정에서 테스트를 통해 사용자 반응을 빠르게 확인할 수 있다. 즉각적인 피드백을 바탕으로 개선할 수 있어 불확실성이 낮고, 시행착오가 줄어들어 스트레스도 완화된다.

그렇다고 해서 내가 보드게임 개발자로서 행복한 이유가 단순히 스트레스가 적기 때문만은 아니다. 머릿속에만 있던 아이디어가 첫 보드게임이 되어 세상에 나왔을 때 나는 더할 나위 없는 벅찬 감정을 느꼈다. 그 감정은 마치 자식을 낳은 듯한 기쁨과 닮아있었다. 창작을 통해 얻는 성취감은 돈으로 환산할 수 없는 값진 보람이다. 보드게임은 단순한 소비재가 아니라 창작자의 세계관과 개성이 담긴 독창적인 콘텐츠다. 같은 소재라도 관점과 해석에 따라 전혀 다른 게임이 되기 때문에 경쟁보다 차별화가 중심이 된다. 시장이 작가 중심의 생태계로 발전하고 있다는 점도 이와 무관하지 않다. 유통 채널이 제한적이라는 특성은 오히려 희소성과 독점성을 높여준다. 그래서 보드게임은 예술 작품처럼 고유한 가치를 가진다.

좋아하는 일을 직업으로 삼는다는 것은 누구나 꿈꾸는 일이다. 특히 보드게임처럼 재미와 창작의 욕구가 결합 된 분야라면 더할 나위 없다. 물론 현실은 녹록지 않다. 대부분의 사람은 생계를 위한 직업과 개인의 흥미 사이에서 타협해야 한다. 좋아하는 일을 직업으로 삼는다는 건 매력적이지만 동시에 큰 용기와 꾸준한 노력이 필요하다. 그럼에도 불구하고 보드게임을 만드는 이들은 공통적으로 보드게임을 정말 좋아한다는 점을 가지고 있다. 이 단순한 감정이야말로 강력한 동력이다. 좋아하는 일이기 때문에 실패와 피드백, 끝없는 수정 작업에도 쉽게 포기하지 않는다. 때로는 밤을 새우기도 하고, 테스트에서 예상치 못한 문제가 반복되기도 하지만, 결국 "내가 좋아하는 게임을 만들고 있다"는 사실이 모든 고단함을 상쇄한다.

보드게임 개발은 단순히 상품을 만드는 일이 아니다. 아이디어 단계부터 작가의 철학과 세계관이 스며들고, 어떤 테마에 어떤 메커니즘이 어울릴지 고민하며 논리와 상상을 오간다. 이후 다양한 메커니즘을 적용하고 밸런스를 조정하며 완성에 다가간다. 이 과정을 통해 하나의 게임이 세상에 태어나는 순간의 성취감은 그 무엇과도 비교할 수 없다. 무언가를 처음부터 끝까지 만들어냈다는 감동은 오롯이 작가만이 가질 수 있는 보상이다.

물론 모든 과정이 즐겁지만은 않다. 기획 단계부터 수많은 시행착오를 겪는다. 메커니즘이 의도대로 작동하지 않거나 밸런스가 무너지는 경우도 흔하다. 훌륭한 아이디어라도 실현이 어려울 수 있고, 플레이어가 전혀 다른 방식으로 반응하는 경우도 있다. 그러나 바로 그 문제를 해결해가는 과정 자체가 또 하나의 재미다. 퍼즐을 맞추듯 요소를 조정하고 반응을 예측하는 여정은 단순하지 않지만,

그렇기에 완성했을 때 더 큰 보상이 따른다. 무엇보다 가장 큰 보상은 다른 사람들이 내 게임을 실제로 즐기는 모습을 볼 때다. 규칙서를 낯설게 읽던 사람들이 점점 몰입하고, 웃으며 경쟁하는 장면을 마주하면 가슴이 벅차오른다. 그 순간은 모든 노력과 고생이 단번에 보상받는 시간이다. 마치 하나의 게임이 아니라 사람들 사이에 추억과 교감을 선물한 것 같은 기분이다.

보드게임 작가들은 서로 테스트하고 피드백 해 주는 것을 즐긴다. 다른 업계에서는 경쟁자일지 몰라도, 이곳에서는 협력자다. 이 공동체적인 분위기는 보드게임 개발이 N잡으로도 매력적인 이유 중 하나다. 혼자 몰입할 수 있으면서도 필요할 때는 함께 소통하고 활기를 얻을 수 있기 때문이다.

보드게임을 개발하면서 직장에서 쌓인 스트레스를 풀 수 있고, 만드는 과정 자체가 삶의 또 다른 행복이 된다. 테스트 단계에서 다양한 사람들과 소통하며 활력을 얻는 경험은 다른 어떤 직업과도 비교하기 어렵다. 좋아하는 일을 하며 돈도 벌고, 동시에 행복을 얻을 수 있다면 그만큼 좋은 직업이 있을까. 보드게임을 만드는 과정은 하나의 도전이자 또 다른 놀이이며, 새로운 아이디어를 현실로 바꾸고 사람들과 공유하는 순간 창작자로서의 기쁨이 극대화된다. 이 글을 읽는 당신도 언젠가 꼭 그 기쁨을 경험해 보기를 바란다.

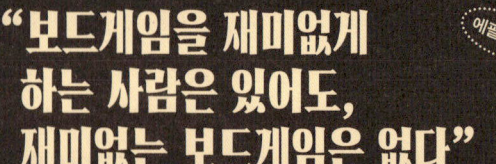

"보드게임을 재미없게 하는 사람은 있어도, 재미없는 보드게임은 없다"

이 말은 내가 보드게임 개발 강의를 마칠 때 자주 전하는 말이다. 우리는 흔히 보드게임을 별점이나 리뷰로 평가한다. 하지만 그 점수는 결국 사람들의 감정과 경험이 쌓여 만들어진 것이다. 다수의 사람이 같은 감정을 공유한다면 그것이 하나의 기준이 되기도 한다. 하지만 나는 조금 다르게 본다. 보드게임에 대한 평가는 본질적으로 주관적이다. 어떤 보드게임은 누군가에게 최고의 게임이지만 다른 누군가에게는 최악의 게임일 수 있다. 어떤 상황에서 누구와 했느냐에 따라 그때의 감정은 전혀 다르게 남는다.

이 이야기를 꺼내는 이유는 단 하나다. 보드게임을 만드는 것에 두려움을 갖지 않았으면 하기 때문이다. '내가 만든 게임이 재미없으면 어쩌지?', '사람들이 별점을 낮게 주면 어떡하지?'하는 걱정 때문에 보드게임 작가의 꿈을 접지 않기를 바란다. 누군가는 내 게임에 최악의 점수를 줄 수 있다. 하지만 누군가는 소중한 추억이 되고 꼭 필요할 수 있다.

이 책을 쓰며 가장 중요하게 생각한 부분은 많은 사람들이 보드게임 개발에 관심을 갖고 도전하길 바라는 마음이었다. 현실에서는 보드게임 개발이 어렵고 복잡하다고 느껴 쉽게 다가가지 못하는 경우가 많다. 그러나 나는 말하고 싶다. 누구나 쉽고 재미있게 보드게임을 만들 수 있다고. 그리고 그것이 사람들과 기쁨을 나누는 특별한 추억이 될 수 있다고 말이다.

처음엔 단순히 보드게임 만드는 방법을 전달하려 했다. 하지만 글을 이어가며 점점 더 중요한 것이 무엇인지 깨달았다. 기술이나 이론처럼 개발의 방법론을 알려주는 것도 의미 있지만, 우리가 보드게임을 만들면서 느낄 수 있는 감정, 그리고 보드게임을 통해 나누는 이야기가 훨씬 더 소중하다는 것을 말이다. 계속 강조했듯 보드게임은 단순한 취미나 상품이 아니다. 사람과 사람을 연결하는 언어이자, 아이디어가 현실이 되는 작은 세계다. 나는 이 멋진 세계로 당신을 초대하고 싶었다.

보드게임을 안 해본 사람은 있어도 한 번만 해본 사람은 없다는 말처럼 보드게임 개발 역시 마찬가지다. 한번 시작하면 멈출 수 없는 창작의 즐거움이 있다. 새로운 규칙을 만들고 시제품을 테스트하며 무수한 시행착오를 거치는 과정은 그 자체로 하나의 보드게임을 즐기는 것과 같다. 그 속에서 우리는 더 나은 이야기를 만들고, 더 나은 세상을 상상한다. 내가 만든 게임이 누군가의 손에 닿아 그들의 웃음과 감동이 되어 돌아올 때, 그것은 작가로서 느낄 수 있는 최고의 보상이다. 누군가 "이 보드게임이 있어서 참 좋다"고 말해준다면, 그보다 큰 행복은 없다. 당신도 언젠가 이런 행복을 꼭 느껴보길 바란다.

마지막으로, 이 책이 당신에게 작은 나침반이 되었기를 바란다. 아직 게임을 만들지 않았더라도, 이 글을 덮는 순간부터 당신은 이미 보드게임 작가의 길에 첫발을 내디딘 것이다. 완벽하지 않아도 괜찮다. 보드게임의 세계는 당신의 도전을 기다리고 있다. 이제 주사위는 던져졌다. 다음 차례는 당신이다.

당신만의 게임을 세상에 내놓을 그날까지, 그 여정에 진심 어린 응원을 보낸다. 이미 이 책을 여는 순간 당신만의 게임이 시작됐다. 이제 당신의 진짜 이야기가 시작된다.

게임 좋아하다가
이렇게 됐습니다

초판인쇄 2026년 2월 13일
초판발행 2026년 2월 13일

지은이 최경운
발행인 채종준

출판총괄 박능원
책임편집 최정원
디자인 공진혁
마케팅 문선영
전자책 정담자리
국제업무 채보라

브랜드 크루
주소 경기도 파주시 회동길 230 (문발동)
투고문의 ksibook1@kstudy.com

발행처 한국학술정보(주)
출판신고 2003년 9월 25일 제406-2003-000012호
인쇄 북토리

ISBN 979-11-7457-209-7 12690